El arte de Ho`oponopono

María-Elisa Hurtado-Graciet
Luc Bodin

El arte de Ho'oponopono

El secreto de los sanadores hawaianos

EDICIONES OBELISCO

Si este libro le ha interesado y desea que le mantengamos informado de nuestras publicaciones, escríbanos indicándonos qué temas son de su interés (Astrología, Autoayuda, Ciencias Ocultas, Artes Marciales, Naturismo, Espiritualidad, Tradición...) y gustosamente le complaceremos.

Puede consultar nuestro catálogo en www.edicionesobelisco.com

Colección Nueva Conciencia
El arte de Ho'oponopono
El secreto de los sanadores hawaianos
María-Elisa Hurtado-Graciet y Luc Bodin

1.ª edición: febrero de 2013
6.ª edición: abril de 2022

Título original: *Ho'oponopono*

Traducción: *Dolores Lucía*
Maquetación: *Natàlia Campillo*
Corrección: *Sara Moreno*
Diseño de cubierta: *Enrique Iborra*

Edita: Ediciones Obelisco, S. L.
Collita, 23-25. Pol. Ind. Molí de la Bastida
08191 Rubí - Barcelona - España
Tel. 93 309 85 25
E-mail: info@edicionesobelisco.com

ISBN: 978-84-9777-920-3
Depósito Legal: B-388-2013

Printed in Spain

Impreso en España en los talleres gráficos de Romanyà/Valls, S. A.
Verdaguer, 1 - 08786 Capellades (Barcelona)

Consideraciones preliminares

Ho'oponopono es a la vez una filosofía de vida cuyos orígenes se remontan probablemente a la antigüedad hawaiana, y una formidable herramienta de evolución personal. En el siglo XX, fue desarrollada por la chamana Morrnah Simeona, y después por el doctor Ihaleakala Hew Len y por Joe Vitale. Cada uno lo utilizó y difundió a su manera de acuerdo con su experiencia y vivencia.

Con el presente libro deseamos trasmitir nuestros conocimientos de Ho'oponopono tal como lo hemos entendido a través de nuestro propio camino de evolución. No pretendemos explicar aquí el Ho'oponopono de los orígenes sino más bien nuestras experiencias y la manera en que se puede utilizar en el día a día, a fin de superar los obstáculos de la vida y liberarse de los viejos esquemas y programas erróneos que conducen al sufrimiento, a los conflictos y a los problemas.

Superar los obstáculos de la vida

Por otra parte, aludiremos a veces en este libro a «Dios», a nuestra «divinidad interior», a la «parte divina» que se encuentra en nosotros, todos nombres de la misma «esencia» o de la misma «vibración» que resulta difícil circunscribir con un solo término. No pretendemos aquí hacer proselitismo, algo contrario a los principios mismos de Ho'oponopono, que desarrolla la libertad individual y anima a no encerrarse en ningún dogma sea el que sea. Los términos «Dios» o «divinidad» siguen la terminología elegida por Morrnah Simeona y que luego recogió el doctor Len. Estimado lector, deseamos que no te bloquees con esos nombres que bien podrían haber sido sustituidos por los de «Universo», «Espíritu», «Vida», «Principio de Vida»... Esas palabras señalan sencillamente la presencia de un elemento superior a nosotros, un elemento que se sitúa más allá de nuestra dimensión material y que nos engloba en un conjunto unitario que es el Universo, Dios, o como quieras llamarlo, porque en el fondo el nombre que le damos es lo de menos.

Principio de vida

Prólogo

Doctor Luc Bodin

Mis investigaciones me han llevado casi inexorablemente de mis estudios médicos convencionales a la medicina energética. Luego, la búsqueda de explicaciones a los indiscutibles resultados obtenidos por esa última terapia me llevó a estudiar la física cuántica. Entonces todos los indicadores luminosos se encendieron a la vez en mi cabeza. Al principio me desconcertó constatar cuán desconocidos para el gran público eran esos maravillosos descubrimientos que revolucionan totalmente nuestra visión del mundo y del universo cuando de hecho fueron establecidos por Einstein y muchos otros hacía ya más de un siglo. Dejando esto de lado, me di cuenta cuán magnífica era esa física y tanto más cercana estaba a la filosofía e incluso la espiritualidad. Muestra –o más bien demuestra– que el espíritu impregna la materia y que puede modificarla y trasformarla casi a su antojo. Por otra parte, la teoría de las cuerdas explica perfectamente que todo en el Universo está ligado, o mejor dicho, entrelazado.

Nuestro pensamiento le da forma a la energía a su manera

Cuando empecé a estudiar Ho'oponopono, comprendí enseguida que ese concepto de vida era correcto. Tomaba el relevo y ampliaba las teorías de la física cuántica, mostrando que no sólo estamos entrelazados sino que en realidad somos uno con nuestro medioambiente y el universo. Nuestro interior y nuestro exterior no son más que uno. Planteado así resulta fácil comprender que somos los creadores de nuestra vida y de todos los acontecimientos, grandes o pequeños, que la componen. Nuestro pensamiento modela la energía a su manera según sus inspiraciones, pero también según sus esquemas negativos, sus creencias limitadoras, sus memorias erróneas, sus miedos paralizantes, creando de paso un mundo de sombras y de luces.

Todo ello era teórico y me llenaba la cabeza con un magnífico concepto de la vida. Afortunadamente, Ho'oponopono me devolvió a la tierra. Gracias a él, la teoría se convirtió en práctica y poco a poco empecé a abordar los acontecimientos de la vida con una mirada nueva. Esto se hizo progresivamente, pues el viejo reflejo de imputar a otros la responsabilidad de los incidentes o conflictos en mi vida aún era muy poderoso.

Cuando me preocupaba una situación futura, hacía Ho'oponopono mandando mucho amor y pidiendo que todas mis memorias erróneas en relación con la situación se borrasen. Me di cuenta entonces de que los acontecimientos que me inspiraban temor se desarrollaban al contrario con una increíble facilidad. Igualmente, cuando una persona demostraba agresividad hacia mí, en lugar de responderle de la misma forma, comprendía que esa provocación provenía de un sufrimiento dentro de mí y le mandaba amor, haciendo Ho'oponopono al mismo tiempo.

Abordar la vida con una mirada nueva

Ho'oponopono me ha permitido superar muchas dificultades que habrían podido acabar conmigo o al menos desestructurarme profundamente. Permite hacer frente a los pequeños y grandes altibajos de la vida. Desde el sitio para aparcar que nos «roban» en nuestras narices cuando llevamos un buen rato dando vueltas, pasando por la factura espantosa que no te esperabas, hasta la nevera que se avería un domingo en pleno verano, el coche que se niega a arrancar el día de una cita muy importante, etc. Consciente de que todo proviene de mí, abordo la vida con mucha menos agresividad y sobre todo con más calma.

De esta manera, mi visión del mundo se fue volviendo más ligera y me iba llenando de cierta tranquilidad a medida que practicaba Ho'oponopono. No obstante me impresionó la cantidad de bloqueos, de comportamientos inadecuados, de esquemas desestructurantes que cabían en mí... Y hoy en día sigo barriendo viejas memorias que me bloquean.

Herramienta de evolución personal

Ho'oponopono es un rayo de sol en mi vida porque me ha enseñado que puedo yo mismo, sin ayuda de nadie, liberarme de mis viejos bloqueos limitadores y además –y sobre todo– que puedo empezar a crear la vida que deseaba: cambiar el ambiente de trabajo, tener un trabajo más interesante, mejorar mis relaciones conyugales, desarrollar relaciones amistosas con mis vecinos... Resumiendo: con tiempo y paciencia, tenía que poder crear una vida que se correspondiera más con mis aspiraciones profundas...

Otro aspecto de Ho'oponopono, y no el menor, es que resulta ser un formidable instrumento de evolución personal. Empezamos todos por utilizarlo para aliviar nuestra vida de los conflictos e incomodidades que la componen. Pero de solución en solución, borrando memorias erróneas una tras otra, evolucionamos sin ni siquiera darnos cuenta.

De vez en cuando tenemos que echar la mirada atrás para medir el camino recorrido gracias a Ho'oponopono. Nos devuelve a nuestro camino de evolución cuando éste se encontraba algo parado.

Instrumento de libertad

Ho'oponopono es un formidable instrumento de libertad. Nos posiciona como creadores de nuestra vida, lo cual en cierta manera conlleva contundentes consecuencias, pero también nos libera totalmente frente a doctrinas y dogmas al recordarnos que la verdad descansa en nosotros mismos y que es inútil buscarla en otro sitio. ¿Acaso no es maravilloso?

Finalmente, con Ho'oponopono, no caben el odio, los celos, la calumnia, el rencor; tan sólo hay perdón, comprensión y amor, lo cual es muy relajante. Ho'oponopono nos enseña a amar a los demás y sobre todo a amarnos a nosotros mismos, lo cual es una hermosa senda que no lamentarás haber seguido.

Introducción

Maria-Elisa Hurtado-Graciet

Ho'oponopono llegó a mi vida en el momento apropiado, como por casualidad. Recuerdo muy bien aquella sensación de volver a encontrar una verdad que ya conocía y había olvidado. Dicha verdad me acompaña desde entonces y sigue maravillándome cada vez que se manifiesta en mi realidad.

Lo mismo les ocurre a muchas personas con quien he compartido ese mensaje. He podido ver un destello en sus ojos, una sonrisa de alegría en el fondo de su mirada. Y justo después de respirar hondo han dicho «¡Sí, es esto! ¡Así es!».

Supongo que te preguntarás cuál es esa verdad. Y es mejor que la descubras por ti mismo porque unas cuantas palabras no bastan para expresar todos los aspectos, la grandeza y la belleza de Ho'oponopono.

«¡Sí, es esto, es correcto!»

Es como un regalo. Le corresponde a cada uno tomar posesión de él y descubrirlo a su manera.

Ho'oponopono es igualmente una práctica. En el presente libro, te proporcionaremos el manual. Luego te corresponderá a ti experimentarlo y descubrir lo que te vaya aportando.

Ho'oponopono proviene de una antigua práctica hawaiana que conlleva principios muy sencillos y sin embargo muy profundos y que emanan de sabidurías ancestrales. Numerosas civilizaciones pasadas atesoraban un conocimiento similar. Así, cuando los mayas se saludaban se decían: «*In Lakesh*», que significa «Tú, otra versión de mí mismo».

«In Lakesh: tú, otra versión de mí mismo»

Los hindúes, para decir buenos días utilizan la expresión *Namasté,* que significa «Saludo lo divino en ti», es decir, reconozco a la divinidad interior que está en ti.

Parece que en el trascurso de su evolución nuestra sociedad moderna ha olvidado lo esencial. Afortunadamente, estos últimos años, las verdades vuelven a la superficie porque estamos preparados para recibirlas. Ho'oponopono es una de ellas. No pretende ser la única vía a seguir. Ho'oponopono nos enseña que cada uno es totalmente libre. Eso es lo maravilloso. La gran ventaja de Ho'oponopono es su sencillez y la facilidad con que se integra en nuestra vida cotidiana. Las cosas sencillas son siempre fáciles de aplicar, y en definitiva esto es lo más importante. Otra ventaja de esta técnica es que la puedes practicar tú solo. Si te gusta seguir capitaneando tu vida ¡Ho'oponopono te va a gustar! Ya no hace falta buscar «la» solución en los libros o en seminarios largos, complicados o costosos porque ésta se encuentra en tu interior y Ho'oponopono te proporciona los medios para encontrarla.

A la hora de escribir este libro, me planteé la cuestión de comprobar lo que Ho'oponopono me había aportado concretamente. Lo primero que encontré fue paz ¡paz interior! Mantengo la calma a pesar de los altibajos de la vida. Los acontecimientos resbalan sobre mí como gotas de agua sobre las plumas de un ave. Antes tenía tendencia a enfadarme con los demás o conmigo misma y a impacientarme cuando las cosas no iban como yo quería. No lo podía evitar, era más fuerte que yo. Hoy día no sabría decir dónde fue a parar aquella ira. Y digamos que no necesito saberlo. Todo lo que sé –y es lo esencial– es que si por casualidad vuelve la ira, algo que ocurre cada vez menos, ahora tengo los medios para trasformarla.

Encontrar la paz interior

Otro regalo que me ha traído Ho'oponopono consiste en dejar de juzgar. Ya no puedo criticar los demás. Comprobarás cuando lo experimentes cuán relajante es. Así ahorramos energía y ésta puede entonces orientarse hacia lo que es realmente útil. Podemos, por ejemplo, dedicarnos a limpiar nuestro hogar interior a fin de empezar a sentirnos a gusto en él.

He ido integrando todos los aspectos de Ho'oponopono de manera progresiva. He necesitado tiempo y paciencia. La integración se ha realizado por fases. Al principio, esperaba a ver si los cambios aparecían en la situación. A veces funcionaba otras no, y me decía a mí misma: «De nuevo algo que funciona sólo de vez en cuando». Luego a base de leer e informarme acerca del método y sobre todo de practicarlo, lo he integrado de manera más profunda en mi vida. He comprendido que sobre todo no había que esperar nada en particular. Se trata sencillamente de aceptar modificar los pensamientos erróneos que cultivamos en nuestro interior. Y una vez liberados de ellos, se producen en nuestra vida cosas y acontecimientos que no esperábamos. Es esa nueva actitud la que vas a descubrir en este libro. Una actitud que asocia la humildad, la responsabilidad, la fe y el desapego.

Dejar de juzgar a los demás

El tercer regalo que me ha aportado Ho'oponopono es un sentimiento de unidad. Siento una comunión cada vez más estrecha con «todo». Todo lo que me rodea y todo lo que acontece en mi vida. Todos somos «uno» y todo ocurre en el interior.

Vivir en lo cotidiano... lo que estas palabras trasmiten. Ho'oponopono te va a permitir integrarlo poco a poco en ti hasta dentro de la más pequeña célula de tu cuerpo.

Es importante entender que Ho'oponopono no es una meta sino un camino, nuestro camino de cada día, que se recorre paso a paso. Cuanto más se practica, más fácil y agradable se vuelve. ¡Esto también es maravilloso!

Nos permite integrar una nueva conciencia, una conciencia de unidad y de compartir, con placer, alegría y felicidad.

¡Diviértete!

1

Descubrir Ho'oponopono

Origen

Principios

Ho'oponopono nos explica que somos los creadores del mundo en que vivimos y que modificando nuestras memorias erróneas, podemos trasformarlo radicalmente.

Una pequeña metáfora

He aquí una pequeña historia para ayudarte a comprender bien Ho'oponopono.

Una mañana se levanta una mujer aún medio dormida y se dirige hacia la cocina. Allí se cruza con su hija a punto de salir para el colegio. Enseguida detecta una mancha en su cara y le dice: «¿Has visto la mancha que tienes en la cara?». Agarra una toalla y se pone a frotar la mancha para eliminarla, pero por mucho que insista ésta no se va. Al cabo de un rato, deja de intentarlo y su hija sale para el colegio.

Una hora más tarde, la mujer sale para hacer la compra. Se cruza con su vecina en la calle y constata con sorpresa que ésta lleva la misma mancha que su hija, en el mismo lugar del rostro. Un poco más lejos el cartero que distribuye el correo lleva la misma anomalía.

La mujer piensa: «No puede ser. ¿Qué pasa hoy que todo el mundo lleva una mancha en la cara?». Les señala la mancha, pero aunque froten no se borra.

Entonces una de las personas le indica a la mujer que también lleva una mancha en el rostro. Espantada, saca un espejo y constata que en efecto presenta la misma mancha. ¡Increíble! ¡Es una epidemia!

Se apresura a sacar un pañuelo de papel y se pone a frotar, frotar. En ese momento ¡milagro! la mancha desaparece rápidamente y lo más increíble es que a medida que la anomalía desaparece de su rostro, desaparece de los rostros de todas las personas que la rodean. Entonces su conciencia despierta. Comprende que las personas que ve a su alrededor no son sino su propio reflejo, como en un espejo. Al comprenderlo sonríe y todo se torna mucho más sencillo.

La mujer envía mentalmente ese mensaje de gratitud a todas las personas con las que se ha cruzado esa mañana. «Gracias porque sin vosotras nunca habría detectado la mancha en mi rostro y nunca la habría borrado».

El otro es un espejo

Esta historia refleja perfectamente en qué consiste Ho'oponopono. Se trata de comprender que los demás no son sino un espejo y que todo lo que ocurre en nuestra vida es un reflejo de lo que se encuentra en nuestro interior. Es el primer elemento de Ho'oponopono. Dando un paso más, consiste en integrar que de verdad somos los creadores de todo lo que nos rodea y de todo lo que se desarrolla en nuestra vida.

Los orígenes

El término Ho'oponopono significa «corregir lo que es erróneo» o «enderezar», es decir, volver a lo que es correcto. Así, ese proceso permitirá corregir errores de pensamiento que originan todos los problemas que aparecen en nuestra vida.

Ho'oponopono fue creado por la chamana hawaiana Morrnah Simeona basándose en un ritual antiguo utilizado en las aldeas para resolver los problemas de la comunidad. El procedimiento consistía en reunir a las personas y que todas pusieran en común sus problemas y conflictos. Luego, cada una pedía perdón a las demás por los pensamientos erróneos que había alimentado.

Enderezar

La nueva versión creada por Morrnah se practica en soledad sin necesidad de que intervenga otra persona. Se trata esencialmente de un proceso de arrepentimiento y de reconciliación con uno mismo, una manera de comunicar con nuestra «divinidad interior».

Ho'oponopono nos permite desarrollar una relación profunda con nuestro ser interior. Hay que acostumbrarse a pedirle constantemente que limpie nuestros pensamientos erróneos. Este proceso coloca a la mente racional en segundo plano y nos permite acceder a nuestro Yo profundo. Éste puede entonces indicarnos las acciones acertadas y apropiadas mediante inspiración o intuición.

Morrnah decía siempre: «La Paz empieza conmigo», y también: «Estamos aquí únicamente para traer la Paz a nuestra propia vida, y si traemos la Paz a nuestra vida, todo a nuestro alrededor recobra su lugar, su ritmo y la Paz». Es precisamente el propósito de esta práctica: recobrar la paz interior.

Morrnah afirmaba que todos los seres humanos llevaban el lastre de su pasado, y que cada vez que una persona sentía miedo o estrés, tenía que tomarse la molestia de observar su interior para constatar que la causa de su malestar provenía de sus memorias.

Más adelante, Ho'oponopono fue difundido en el mundo entero gracias a un artículo que Joe Vitale publicó en Internet y en el cual contaba como el doctor Ihaleakala Len había contribuido a la curación de enfermos mentales en un hospital psiquiátrico de Hawái. Ésta es la historia.

El doctor Len se había formado con Morrnah Simeona. Cuando llegó a este hospital de Hawái, los enfermos eran muy violentos y las condiciones de trabajo para el personal particularmente difíciles. Unos meses más tarde, una cierta calma se había instalado entre los

Nota añadida

«Amarse a uno mismo es la mejor manera de mejorarse, y a medida que uno mejora, mejora el mundo que lo rodea».

pacientes y el personal. Poco a poco, las celdas de aislamiento se quedaron vacías y los tratamientos fueron disminuyendo. Tres años después, se clausuró la sala donde habían estado encerrados los casos más graves porque casi todos los pacientes habían visto mejorar su estado de forma notable y habían podido ser liberados.

Lo más increíble en esta historia es que el doctor Len nunca vio a ninguno de los pacientes. Nunca hizo entrevistas. Se encerraba en su oficina y sencillamente miraba los expedientes de sus enfermos uno por uno y trabajaba sobre sí mismo. A medida que trabajaba sobre sí mismo, los enfermos se encontraban cada vez mejor.

Cuando la noticia se extendió, todo el mundo le preguntó qué había hecho para conseguir tal resultado. Su respuesta fue:

«—Sano la parte de mí que los ha creado. Porque todo en mi vida es mi creación. Sé que cuesta admitirlo. Pero si quiero cambiar mi vida debo empezar por cambiarme a mí mismo.

»—¿Y cómo lo hace?

»—Reviso cada expediente y sólo repito: lo siento, perdóname, gracias, te amo.

»—¿Y nada más?

»—¡Nada más!».

¿Y nada más?
¡Nada más!

Cuando alguien lanza esas palabras:
«Lo siento, perdóname, gracias, te amo», no las dirige a nadie en especial, invoca a un espíritu de amor a fin de sanar la parte de sí mismo que está relacionada con el problema. Así corrige los pensamientos erróneos que tenía sobre ello.

Los principios básicos de Ho'oponopono

El proceso Ho'oponopono se basa en los cinco principios siguientes:

1. La realidad física es una creación de mis pensamientos.

Todo lo que compone nuestra realidad, nuestro entorno y nuestra vida no es más que el resultado o la creación de nuestros pensamientos.

2. Si mis pensamientos son erróneos crean una falsa realidad física.

Si mis pensamientos son erróneos, falsos, distorsionados, cargados de rencor, de celos, de mentira, etc., van a crear para mí una falsa realidad. Y lo que es más grave es que acabaré por creer que esa falsa realidad física es la auténtica realidad de la vida. Esto me llevará a encerrarme aún más en mis pensamientos erróneos, creando así un auténtico círculo vicioso. Para salir de él, me basta con cambiar mis pensamientos para que la realidad cambie.

Cambiar mis pensamientos para cambiar mi realidad

3. Si mis pensamientos son perfectos, crean una realidad física llena de amor.

Si mis pensamientos son perfectos, manifiestan para mí un mundo lleno de amor. Así, mientras mi mundo –es decir, mi realidad– no esté lleno de amor, significa que no todos mis pensamientos son perfectos y que aún tengo que rectificarlos.

4. Todo está en el interior.
Todo existe en el pensamiento en mi mente.

De hecho lo real no existe. Tan sólo está mi propia realidad que creo constantemente con mis pensamientos. Así, todo existe tan sólo en mis pensamientos, dentro de mí. Mi interior crea mi realidad exterior.

5. Soy el creador de mi universo físico
tal como es, y si corrijo mis pensamientos
puedo corregir mi realidad.

Como un artista pintando su cuadro con sus pinceles, creo mi universo, es decir, mi realidad, con pensamientos buenos o malos. Las partes oscuras de la tela corresponden con las zonas oscuras de mi mente. Puedo modificar esa realidad física si corrijo y cambio mis pensamientos inadecuados. Las zonas negras desaparecerán así poco a poco dando paso a un mundo de amor.

Crear el propio universo

Las memorias erróneas

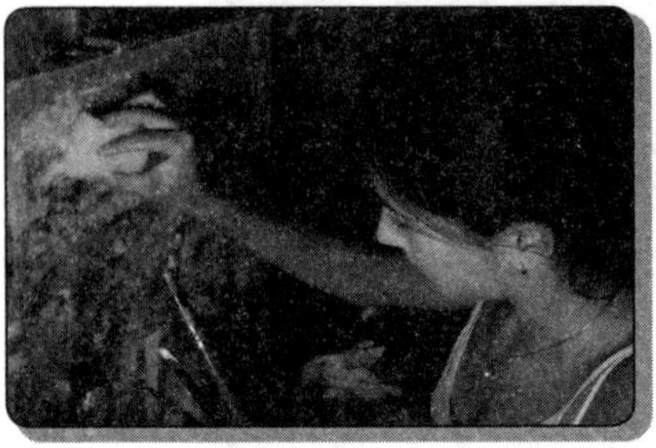

Nuestro entorno, nuestro universo, las personas con las que nos encontramos, las situaciones que vivimos, no son más que reflejos de nuestros pensamientos internos. Por lo tanto, es hora de indagar acerca de esos pensamientos y sobre todo acerca de los pensamientos erróneos, distorsionados, falsos, dolorosos, agresivos que todos alimentamos. ¿Cuál es su origen? La respuesta es sencilla: *los pensamientos son el producto de nuestras* memorias. Y esa afirmación lleva más allá el cuestionamiento: ¿Qué es una memoria?

Una memoria es un programa inconsciente que se creó sobre la base de un acontecimiento vivido por una persona en el pasado o a veces que vivieron sus padres o ancestros. Éste origina creencias a través de las cuales su percepción de la realidad se deforma. Porque las creencias son filtros a través de los cuales percibimos el mundo que nos rodea.

Una frase de Paul Ferrini[1] alude muy bien a este concepto: «Si quieres conocer la realidad debes liberarla de todo juicio y permanecer en ella sencilla y profundamente». En efecto, los juicios y todas las memorias inconscientes son como velos que recubren la realidad, impiden comprenderla y también acceder a ella.

La realidad que percibimos está empañada por nuestras memorias inconscientes

1. Paul Ferrini, *El amor sin condiciones*. Ediciones El grano de Mostaza.

Por ejemplo, cuando una persona espera algo preciso de otra (a menudo sin que ésta lo sepa) y no lo obtiene, piensa: «Esa persona no es de fiar. No puedo contar con ella» o «Es egoísta» o bien «No cumple lo que dice» y muchos otros juicios que se van a grabar en su mente.

Luego, cada vez que se encuentra con esa persona o que piensa en ella, echa de nuevo mano de esas creencias y esos juicios. Ya no es capaz de ver a la persona tal como es realmente, sólo la ve a través de los filtros de sus evocaciones, de sus prejuicios, es decir, a través de esa memoria alojada en su mente. Su memoria tiñe la realidad que percibe.

Limpiar los filtros

De igual manera, toda realidad que percibimos está empañada por numerosas memorias inconscientes que provienen de experiencias pasadas que resultan de nuestra vida, la de nuestros padres o de nuestros ancestros y que pueden estar ahí desde la noche de los tiempos.

Cada vez que topamos con un problema, debemos comprender que tan sólo son memorias que intervienen y actúan en nuestro interior. Esto demuestra la gran importancia de eliminar continuamente esos filtros y esos programas que nos impiden acceder a la realidad tal como es.

El origen de nuestros problemas no somos nosotros sino nuestras memorias. Son como manchas que impiden que la luz penetre en nosotros. Cuando limpiamos esas memorias, modificamos nuestra forma de pensar y forzosamente nuestra realidad se trasforma.

La historia del vigésimo camello presentada a continuación ilustra bien ese aspecto.

Algo de historia

Historia del vigésimo camello

Érase una vez un árabe que cruzaba el desierto con su sirviente y sus veinte camellos. Una noche, en su etapa nocturna, encontraron sólo diecinueve estacas donde atar a los camellos, por lo que no podían sujetar al último camello. El sirviente le preguntó a su amo qué podía hacer y éste le contestó: «Finge clavar otra estaca y atarlo a ella. Así el camello creerá que está sujeto». Así lo hizo. A la mañana siguiente, todos los camellos estaban presentes. El vigésimo no se había movido de su lugar. Desataron los camellos y reemprendieron su ruta. Al cabo de un rato se dieron cuenta que el vigésimo camello no se había movido de su lugar porque el sirviente no había hecho el gesto de desatarle y creía seguir sujeto.

Es exactamente lo que hacen nuestras memorias. Nos dan la impresión de que seguimos sujetos e inducen programas inapropiados que nos mantienen en el mismo lugar. Ho'oponopono nos ayuda a tomar conciencia de que las memorias entorpecen nuestro camino y nos da la ocasión de borrarlas.

Todo está en el interior

Me he pasado la vida intentando cambiar a los demás, a mi familia, a mi vecino, a mi jefe, al gobierno, a la sociedad y constato hoy en día que eso no funciona. ¡Es desesperante! «Ellos» se niegan a entender. «Ellos» no entienden nada de lo que se les dice. Son incompetentes, etc. Todos escuchamos ese tipo de discurso en boca de los demás así como en la nuestra, hay que admitirlo. ¿Qué se puede hacer? ¿Permanecer en el resentimiento y el odio? No es ésa la solución.

En cambio, nosotros podemos cambiar nuestra forma de considerar los acontecimientos, y para eso, empezar por modificar nuestro punto de vista de partida y aceptar realizar una limpieza en nuestro interior. Porque es ahí donde se encuentra la solución. Cualquier cambio en nuestro entorno sólo se producirá si se realiza una limpieza de nuestras memorias internas, de nuestras creencias erróneas, de nuestro sufrimiento íntimo. Ése es el punto de partida.

Es importante recordar siempre que: «Todo está en el interior, nada en el exterior».

«Soy 100 por 100 creador de todo lo que ocurre en mi vida».

El punto de partida está en el interior

Cuando una persona considera que la fuente de sus problemas se sitúa fuera de ella misma, se encuentra bloqueada, impotente y rápidamente desesperada. No puede hacer nada, pues está entregando su poder a algo externo a ella. Se posiciona como víctima y espera a que un salvador o un acontecimiento llegue oportunamente para salvarla. En resumidas cuentas, espera un milagro y no ve ninguna solución para salir de su situación.

Decido cambiar

Evidentemente, cada cual es libre de abordar la vida como más le guste y de interpretar sus experiencias a su modo. Hay que vigilar no caer en la culpabilidad o en el rencor hacia los demás o uno mismo. Porque esos sentimientos son como ácidos que corroen la mente y no permiten cambiar la situación.

Ahora bien, si se parte del punto de vista de que los pensamientos moldean la realidad, y que por consiguiente los problemas encontrados en la realidad son el resultado de pensamientos erróneos o de prejuicios originados por memorias antiguas, a menudo inconscientes, se vuelve evidente que borrando esas memorias, los pensamientos erróneos y los juicios relacionados con ellos van a ser eliminados y de ahí, *ipso facto,* la realidad vivida por la persona va a cambiar.

Para liberarse de esas memorias, basta con recurrir a Ho'oponopono. Así, todos los pensamientos erróneos serán eliminados. El primer paso consiste en tomar la decisión de limpiar esas memorias internas. Le corresponde a cada persona tomar esa decisión y a nadie más. Es una decisión personal. Sólo uno mismo puede decidir si está dispuesto o no a cambiar.

Nota añadida

Si te apetece medir tu predisposición al cambio puedes realizar este ejercicio:

Colócate ante un espejo, mírate directamente a los ojos y di la frase siguiente: «Estoy preparado/a para cambiar mis pensamientos erróneos y mi punto de vista acerca de la vida».
Observa lo que ocurre dentro de ti. ¿Sientes como cierta esa afirmación? Puedes repetirla cada mañana a fin de flexibilizar tu forma de pensar.

2

Ho'oponopono y nuestra identidad

Las distintas partes de uno mismo

Lo que importa es tomar conciencia de quiénes somos. No somos nuestras memorias. Somos seres divinos.

Las distintas partes de nuestra identidad

Para comprender bien los principios de Ho'oponopono, veremos ahora los diferentes elementos que componen nuestra identidad de acuerdo con la tradición hawaiana y que son 4:

— El **subconsciente** o **Unihipili,** que en hawaiano significa «niño/a». Se trata de nuestro niño interior, la parte emocional de nuestro ser. También es el almacén de todas las memorias. No sólo las propias sino las de los padres, los ancestros y las vidas anteriores.
— El **consciente,** en hawaiano **Uhane,** que significa «madre», se corresponde con nuestra mente o intelecto. Gracias a ella podemos tomar decisiones en la vida.
— El **supraconsciente,** en hawaiano **Aumakua,** que significa «padre». Señala nuestra alma o ser superior. Forma parte de nosotros aunque se encuentre en otra dimensión. Las memorias no le afectan y siempre está vinculado con Dios.
— **Dios** o la **inteligencia divina** que se encuentra en cada ser y que nos entrelaza a todos. Podríamos llamarle «Dios en nosotros». Es la parte que va a realizar la limpieza de nuestras memorias, pero es importante subrayar que sólo lo hará si se lo pedimos expresamente porque siempre gozamos de libre albedrio.

Veamos cómo se desarrolla un proceso de sanación mediante la técnica Ho'oponopono según esos cuatro elementos de nuestra personalidad. Cuando surge un problema en la vida, hemos visto que se trata de hecho de la materialización de una memoria en su realidad. Gracias a su consciente, la persona toma conciencia de

ello y elige su manera de tratar la situación:

— Puede dejarse guiar por sus memorias y seguir funcionando como un robot teledirigido por ellas;
— o puede decir «¡Alto!» al reconocer que lo que ve en su vida no es más que el producto de sus memorias antiguas y que puede y a la vez desea modificarlas.

Con la segunda alternativa entra en contacto con su ser superior (su alma) para pedir a su parte divina que limpie las memorias erróneas. Y aquí se termina su labor. La persona ya no tiene nada más que hacer. Sólo debe soltar y dejar que la divinidad actúe en ella. Sólo tiene que dejar hacer. Con el tiempo, se desarrolla su confianza y tendrá la seguridad que la solución proporcionada para su problema será la mejor y que sobrevendrá en el momento oportuno.

Cultivar las relaciones entre las distintas partes de uno mismo

Las distintas partes de la identidad del individuo interactúan continuamente entre sí. Cada una es importante y tiene su papel. El objetivo final es que todas esas partes estén en perfecta armonía, porque si una de ellas predomina, la persona no podrá recobrar su verdadera identidad. Gracias a la unión de todas esas partes, la persona llegará a ser y realizará lo que es de verdad. Es por lo tanto muy importante desarrollar y cultivar buenas relaciones entre todas las partes de nuestro ser.

1. La relación entre la «madre» y el «niño interior» es crucial

La madre, o yo consciente, debe cuidar de su «niño interior», el subconsciente. Para lograrlo primero debe reconocerlo, respetarlo y manifestarle amor. Así lo tranquiliza, y es importante porque ese niño interior a menudo está sufriendo y se siente abandonado, porque la madre, o mente, siempre está atareada con pensamientos, reflexiones y deseos de entender y controlarlo todo que ocupan todo el lugar. Por eso, el niño queda aislado y se convierte en rehén de las memorias que lo manipulan como una marioneta.

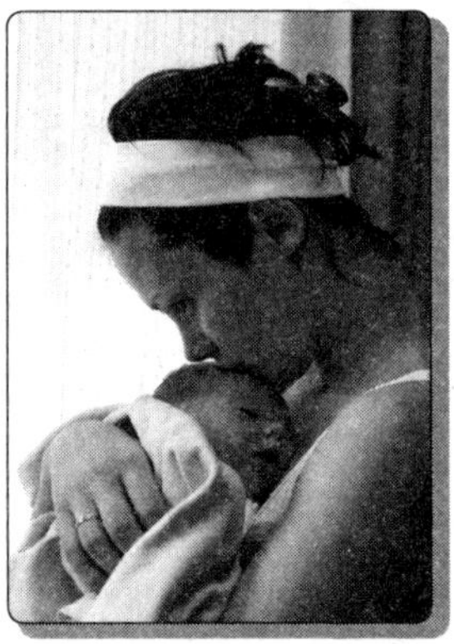

Para poder recuperar a nuestro niño interior en su estado «puro», habrá que proceder a la limpieza de todas esas memorias que le aprisionan y no le dejan ser él mismo. Para que acepte soltarlas y colaborar con nosotros, debe sentirse confiado. Por eso una relación afectuosa entre la madre y el niño es crucial, si no, se desarrollaran resistencias.

Para cultivar esa relación madre-niño, conviene que la persona esté al tanto de sus propias necesidades así como de sus emociones, miedos, enfados, penas, etc., con el fin de reconocerlos. Así, el niño interior recobrará la confianza y colaborará con el proceso de purificación. Como en el caso de cierta madre que quitaba una por una las liendres del cabello de su hija, un momento que ésta adoraba porque la hacía sentirse amada y mimada. Su madre le dedicaba una atención especial y la cuidaba. Es un poco lo que conviene hacer con nuestro niño interior: quitarle una por una las memorias que le impiden ser libre y vivir en paz. Así recobra su alegría, su espontaneidad y vuelve a ser él mismo.

> **Nota añadida**
>
> *En Anexo de este libro encontrarás:*
>
> *—una meditación que te ayudará a reconectar con tu niño interior;*
>
> *—un ejercicio práctico basado en el Proceso Z-Point que te permitirá instalar el reflejo de limpieza cada vez que surja una memoria negativa.*

2. La conexión entre el consciente (la madre) y el supraconsciente (el padre o ser superior)

Una vez tomada la decisión de deshacerse de las fastidiosas memorias, la mente consciente habla con el supraconsciente o ser superior para que pida a la Inteligencia divina que limpie las memorias involucradas y las trasmute en luz. Este último concepto es importante porque aquí no se trata de un proceso de odio o destrucción, sino de amor. No consiste en destruir esas memorias turbadoras, sino trasmutarlas en energía positiva.

De esta manera, podemos cultivar la relación entre las distintas partes de nuestra individualidad y en especial entre nuestro consciente y nuestra alma o ser superior. Además, como éste se encuentra en contacto permanente con Dios, resulta que cultivando la relación entre la mente y el alma vamos a desarrollar la relación con nuestra parte divina.

Establecer una conexión directa

Cada vez que tomamos la decisión de limpiar nuestras/las memorias perturbadoras, nos dirigimos a la parte superior de nuestro ser, que algunos llaman alma, desde donde se va a activar la trasmutación.

Einstein decía que no es posible resolver un problema desde el mismo nivel en que fue creado. Es lo mismo con Ho'oponopono. Para trasmutar una memoria que aprisiona el subconsciente, es preciso ascender niveles hacia el espiritual, desde donde sobrevendrá la liberación.

Sólo la practica regular de Ho'oponopono permite reforzar ese vínculo. Como una amistad que poco a poco se consolida gracias a encuentros regulares. Nos vamos sintiendo cada vez más próximos a nuestro ser superior y de este modo la conexión va siendo más rápida y fácil.

Estar así entrelazados con nuestra alma nos hace sentir cada vez más centrados, a gusto con nuestra vida y bien en nuestra mente.

El hecho de estar vinculados con nuestro ser superior nos proporciona una gran fuerza interior que nos permite tratar todos los altibajos de la vida serenamente.

El objetivo último es sentirnos en comunión con el conjunto del Universo e incluso con Dios, y recordar que somos una emanación de Dios.

Nota añadida

En Anexos encontrarás una meditación guiada que puedes grabar y escuchar de vez en cuando para aprender a entrar en contacto con tu ser superior.

Cuando aprendemos a mantener el contacto con nuestra divinidad interior ya no necesitamos gurús o intermediarios que nos indiquen el camino a seguir. En estos inicios del tercer milenio, la fase que corresponde con la evolución de la conciencia nos invita a establecer una conexión directa.

Las cuatro fases del mantra de purificación

Existen varias posibilidades para activar el programa de limpieza de las memorias perturbadoras. La herramienta más habitual consiste en repetir las cuatro frases de purificación, al tiempo que recordamos que somos los únicos responsables de los propios errores de pensamiento y confiamos la limpieza a Dios.

Las cuatro frases son:

Lo siento.
Perdóname.
Gracias.
Te amo.

Cada uno de estos términos posee un poder excepcional:

«Lo siento, perdóname» no significa que nos adentremos en la culpabilidad. En realidad se trata de algo totalmente distinto. Aquí no hay ni víctima ni culpable. No hay ni bien ni mal. Sencillamente cada uno es creador de su vida y de todo lo que acontece en ella. Podemos representar la realidad como un gran campo de experimentación organizado por nuestro inconsciente, sin que nosotros lo sepamos, para despertar nuestra conciencia a las memorias erróneas presentes en cada uno de nosotros. Entonces, ¿dónde está la culpabilidad aquí? En esta situación, los acontecimientos de la vida son simples indicadores de nuestros estados de pensamientos, a menudo llamados «estados de ánimo» sin necesidad de emitir ningún juicio de valor acerca de ellos.

Ni víctima ni culpable

Por otra parte, cuando nos sentimos culpables en relación con alguien, le quitamos parte de su propio poder creador. Por eso es importante soltar la culpabilidad, que también viene de memorias erróneas que habrá que limpiar.

Los términos «lo siento, perdóname» pueden aparecer como una petición de disculpa por el acontecimiento discordante producido por nuestros pensamientos, debido a que no sabíamos que teníamos esa memoria negativa y que no hemos provocado el problema a propósito. Entonces nos dirigimos a Dios para pedir perdón por haber tenido esos pensamientos erróneos que han creado la situación desagradable. El perdón es lo que va a permitir cortar el vínculo con esas memorias erróneas. Es liberador y es un elemento muy importante. A menudo se dice que la salud empieza por el perdón.

Después vienen dos palabras mágicas: **«Gracias, te amo».** Dar gracias es lanzar un gracias a la vida por mostrarme lo que tengo que limpiar, y además un gracias a las memorias erróneas por manifestarse en mi vida y darme así la oportunidad de tomar conciencia de ellas y liberarlas. Y obviamente doy gracias a Dios y le expreso toda mi gratitud.

El «te amo» va dirigido a Dios, a uno mismo y a los pensamientos erróneos. Los cuales tan sólo lograremos transmutarlo en luz mediante el amor y únicamente con el amor. El perdón abre el corazón. El «Gracias, te amo» permite que la luz divina entre en nosotros y trasmute las emociones y los pensamientos negativos ligados a las memorias erróneas. Una vez trasmutadas esas energías, sentimos una inmensa paz interior. En el vacío que acaba de crearse, en ese espacio sin límites, vamos a poder acoger la inspiración. Ésta llegará directamente desde la parte divina que se encuentra en nosotros.

Extracto

«Sólo se puede alcanzar la paz interior practicando el perdón. Perdonar es liberarse del pasado, y por eso es el medio de corregir nuestros errores de percepción.

»Podemos corregir nuestros errores de percepción ahora mismo, liberándonos de nuestros rencores y remordimientos hacia los demás. Por ese proceso de olvido selectivo, nos volvemos libres de abrazar el presente sin necesidad de revivir el pasado. Gracias al auténtico perdón ponemos término al ciclo infinito de culpabilidad y vemos a los demás y a nosotros mismos con una mirada de amor. El perdón nos libera de los pensamientos que parecen separarnos los unos de los otros. Liberados de esa creencia de separación, sanamos y podemos extender el poder de sanación del amor a todos los que nos rodean. **La sanación proviene de un sentimiento de unidad.**

»Al igual que nuestra única meta es la paz interior, el perdón es nuestra única herramienta. Una vez hemos aceptado tanto la meta como la herramienta, nuestra voz interior se convierte en nuestro guía hacia la consagración. Somos liberados y podemos liberar a los demás de la cárcel de las percepciones ilusorias y deformadas. Podemos reunirnos con ellos en la unidad del Amor».

Amar es liberarse del miedo.
Dr. Gerald Jampolsky, editorial Los libros del comienzo

Así descubrimos que somos uno con nuestro entorno. No existe separación entre nosotros y lo que nos rodea, al contrario de lo que tendemos a considerar. Esto establece una nueva manera de aprehender la vida, pues cuando aceptamos esa evidencia y cuando la vivimos asumien-

Nota añadida

Resumiendo, podríamos decir:
Lo siento: no sabía que tenía este recuerdo en mí.
Perdona: se lo digo a la vida y a mí mismo.
Gracias: Por haberme indicado el problema que tenía sin saberlo.
Os amo a todos: la vida, mi entorno, las personas a mi alrededor, las memorias erróneas, sin olvidarme a mí mismo.

do todas las consecuencias de ese pensamiento, todo se vuelve sencillo. Somos libres y sobre todo podemos crear totalmente nuestra vida.

El proceso de trasmutación

Para que la alquimia de la curación de las memorias se produzca, no es necesario hacer otra cosa que pasarle el relevo a la Vida o a Dios con amor y confianza. La trasmutación se hará por sí sola. En este proceso se pueden distinguir 3 etapas:

1. Reconocer el propio poder creador

Hemos de reconocer que el origen de la perturbación en nuestra vida proviene únicamente de nosotros mismos. Porque evidentemente si consideramos que el problema viene de otra persona no nos será posible trasferirlo.

Creadores de nuestra realidad

Reconozcamos que somos los creadores de nuestro universo y de toda nuestra realidad. A menudo resulta difícil pensar que ostentamos suficiente poder para realizar esta hazaña. Cuando llegamos a aceptarlo, podemos sentir vértigo y activar un mecanismo de miedo instintivo.

Esto concuerda perfectamente con el maravilloso texto de Marianne Williamson, que Nelson Mandela retomó en su investidura.

Extracto

Nuestro miedo más profundo

Nuestro miedo más profundo no consiste en creer que no estamos a la altura, nuestro miedo más profundo es que somos poderosos más allá de todo límite. Es nuestra propia luz y no nuestra oscuridad la que más nos espanta. Nos hacemos esta pregunta: ¿quién soy yo para ser brillante, radiante, talentoso y maravilloso? De hecho ¿quién eres para no serlo? Eres una criatura de Dios.

Restringirte, vivir mezquinamente no es hacer un favor al mundo.

La iluminación no es reducirte para evitar el provocar inseguridad en los demás.

Hemos nacido para manifestar la Gloria de Dios que está en nosotros.

No se encuentra sólo en unos pocos elegidos, está en cada uno de nosotros y a medida que dejamos que resplandezca nuestra propia luz, damos inconscientemente a los demás el permiso de hacer lo mismo.

Liberándonos de nuestro miedo, nuestro poder libera automáticamente a los demás.

Marianne Williamson. *Volver al amor*. Book4pocket

Tomar conciencia de que somos el origen del problema encontrado en nuestra vida constituye de paso una asunción de responsabilidad. Esto se opone a lo que normalmente se enseña y a la forma en que nos han enseñado de vivir. Estamos acostumbrados a «ser asumidos» primero por nuestros padres, luego por los maestros en la escuela, por los seguros sociales, nuestro médico, nuestro psicólogo o terapeuta, nuestro jefe o nuestro director, etc. Por eso a menudo nos cuesta retomar la dirección de nuestra vida y reconocer que tenemos en nosotros poderes sin límites.

No obstante, no nos engañemos, incluso cuando nos dejamos llevar, siempre somos el creador inconsciente de lo que ocurre en nuestra vida aunque tengamos tendencia a decir que es cosa de «los demás».

Ciertamente las creaciones que provienen de nuestras memorias erróneas no son siempre fáciles de aceptar. Sin embargo, mientras no las reconozcamos como nuestras, no podremos cambiarlas. Por eso, reconocer el propio poder creador es el primer paso indispensable para recuperar la autoridad interior, que debe ser la nuestra para empezar a crear algo distinto a situaciones desagradables.

¿Creador consciente o inconsciente?

Actualmente, las energías están cambiando en el mundo. Parecen acelerarse. Como consecuencia, se acorta el plazo entre el momento de emisión de un pensamiento y su materialización, lo que pone a esta última cada vez más en evidencia para todos.

Así, para adaptarnos lo mejor posible a las nuevas energías, es muy importante liberarnos de todo lo que pueda contaminar nuestro pensamiento, a saber, todas esas memorias inconscientes que continuamente deforman nuestra percepción, nuestra forma de pensar y por consiguiente nuestras creaciones.

2. Pasar el relevo

Esa etapa corresponde con un traspaso de poderes. Ese proceso conlleva un giro de actitud de 180°. Ya no nos dejamos guiar por nuestras memorias erróneas (nuestros miedos, nuestro juicios, nuestras creencias limitadoras) y entregamos nuestra vida a nuestro ser superior (o alma) que sabe mejor que la mente lo que conviene hacer y lo que es bueno para nosotros.

Traspaso de poderes

De entrada, lo importante es tomar conciencia de quiénes somos. No somos nuestras memorias, al contrario somos seres divinos. Por ello, vamos a dirigirnos a esa parte espiritual de nosotros mismos, a esa parte que vibra en nosotros sobre una frecuencia muy elevada, que es puro amor. Esa parte es ilimitada. Es nuestra parte divina, ella se encarga de la labor de liberación, pues no le afectan en absoluto nuestras memorias. Pero para que lo haga se lo tenemos que pedir. Hay que pedirle expresamente que nos libere de las cadenas que nos aprisionan en viejos esquemas desde hace demasiado tiempo.

De alguna manera, es como despedir a nuestro antiguo director de orquesta, las memorias repetitivas, para nombrar uno nuevo, nuestra parte divina, que hablará a través de nuestro ser superior y hará la limpieza.

3. Soltar las expectativas

Esa etapa consiste en... no hacer nada más. Curiosamente, puede que resulte la más ardua, pues estamos demasiado acostumbrados a controlarlo todo y a querer entenderlo todo buscando explicaciones a todo.

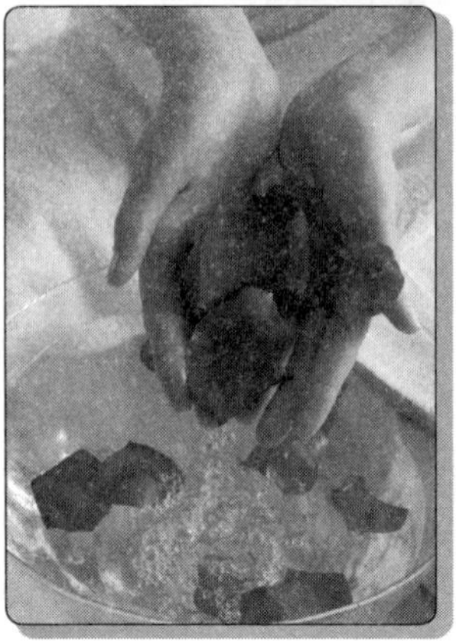

No hay nada que cambiar en el exterior, todo está dentro de uno. Una vez se ha aceptado eso y se ha confiado la limpieza a Dios, la mente ya no tiene nada que hacer. Ni siquiera hace falta entender cómo ocurre ni qué memoria está en juego. Basta con ponerse con toda confianza en las manos de nuestra divinidad y dejar que Dios actúe a través de nosotros. Soltar no es siempre fácil, pero con la práctica se hace cada vez más sencillo.

Debemos confiar en la vida, y también estar seguros de que se nos dará la mejor solución, y que no será siempre –ni siquiera a menudo– la solución que estábamos esperando. Eso no tiene importancia porque siempre será una sorpresa agradable. Conviene aquí hacer acto de fe hacia nuestro ser interior para lograr la mejor solución a los problemas.

Es el «salto de fe». Podemos dejar de agarrarnos y dejar que las cosas se hagan solas. Debemos dar permiso para que así sea. Eso implica que soltamos también toda expectativa específica en relación con el resultado.

Así, cuando nos sintamos atrapados en la red de nuestras memorias, sólo nos cabe hacer una cosa: limpiar, limpiar, limpiar. Porque limpiando, sabemos que vamos a poder acceder a otro nivel de nuestra evolución. Son las memorias las que nos retienen en el lodo de nuestros viejos esquemas. Una vez liberados de nuestras memorias erróneas, se va a crear un espacio vacío dentro de nosotros, un lugar sin expectativas donde vamos a poder recibir intuiciones e inspiraciones.

¡Limpiar, limpiar, limpiar!

Antes de concluir este apartado, es importante subrayar que con Ho'oponopono, **es completamente innece-**

sario saber cuáles son las memorias erróneas para que sean definitivamente borradas. Esta noción contradice todas las bases de la psicología y la psiquiatría modernas que insisten en que la persona desmenuce su conflicto, descubra su naturaleza, establezca su origen y encuentre en sí misma los medios de superarlo. Ese método que ha demostrado su eficacia exige sin embargo muchos esfuerzos y regularidad. Hacen falta a menudo meses, incluso años, de terapia antes de alcanzar la solución. Ho'oponopono es de alguna manera un atajo. Puede solucionar el conflicto en unos instantes sin necesidad de conocer su origen y eso producirá en el acto una trasformación en la persona y su entorno.

Atención

Ho'oponopono nunca sustituirá la psicoterapia ni la psiquiatría en las patologías graves, pero puede complementarlas.

Acoger la inspiración

El término inspiración viene del latín *in spiritum* que significa «el Espíritu en uno mismo», algunos ven en ello la presencia de Dios. La inspiración proviene directamente de ese Espíritu (con E mayúscula). No se consigue a través de la reflexión.

En la Antigüedad, la opinión era que la inspiración de los artistas emanaba del Espíritu de Dios. Así mismo se reconoce que muchos descubrimientos fueron fruto de una inspiración. Ésta llega a menudo de manera inesperada y precisamente cuando no esperamos nada, cuando estamos sin expectativas. Todos hemos experimentado esta experiencia en mayor o menor grado. Basta con dejar de buscar la solución para que ésta aparezca cuando menos lo esperamos. El vacío de la mente es el estado en el cual la inspiración va a poder manifestarse.

Ese proceso se contrapone a la intención, que viene del latín *intentio* o «acto de dirigir». Es la marca de la voluntad dirigida por la mente tras la cual se ocultan... ¡las memorias! Así, cuando una persona funciona por la voluntad, son sus memorias las que la dirigen. Son fruto de datos antiguos que pertenecen al pasado, mientras que la inspiración trae ideas nuevas que la persona nunca había tenido antes. La inspiración es una información diáfana y nueva.

Claridad, justicia, paz interior

Si bien por un lado se pueden obtener resultados mediante la intención, con la inspiración sobrevienen auténticos milagros. Cuando una persona recibe una inspiración suele materializarla sin pensárselo porque siente en el fondo de sí misma que esta inspiración es «acertada». Además se siente invadida de paz interior. Todas las partes de su ser están en armonía. Sabe sin necesidad de prueba que quien le habla es la voz interior de su ser superior.

Es importante tomar conciencia de ese estado de bienestar general, primero porque afianza la idea de que vamos por buen camino, léase que nos estamos liberando de nuestros viejos esquemas, de nuestras trabas y además que nuestro ser interior se siente libre y feliz. Sentimos que resplandece por dentro y por fuera, un sentimiento de amor inmenso y muy cálido que nos proporciona una impresión de unidad.

Dicho estado es la prueba, si necesitamos una, de que nos estamos liberando de nuestro pasado para retomar nuestro camino de evolución.

3

Ho'oponopono en la práctica

Limpiar
Soltar
Recibir

Puede ser fácil aprender a trasmutar nuestras memorias erróneas en energías de luz.

Una sesión de limpieza

Para iniciar una operación de limpieza con Ho'oponopono, siempre conviene recordar **las tres etapas del proceso de curación:**

1. Tomar conciencia de que somos **creadores al 100 por 100 de nuestra vida.** Es esencial porque sólo podemos cambiar lo que está en nuestro poder y por lo tanto lo que está dentro de nosotros mismos. Aunque tengamos enfrente algo que nos disgusta, debemos reconocer que es nuestra creación. Mis pensamientos, guiados por mis memorias han creado la realidad que está frente a mí.

2. Luego realizar una introspección. Consiste en conectar con nuestro ser superior y a través de él **pedir a nuestra divinidad interior** que trasforme en luz los pensamientos erróneos y los programas inconscientes que han creado los problemas en nuestra vida. Podemos utilizar las palabras: «Lo siento, perdóname, gracias, te amo» (u otros recursos de limpieza que presentaremos más adelante).

Responsabilidad, conexión, soltar

3. Finalmente **soltar cualquier expectativa concreta,** es decir, aceptar que las soluciones no son de nuestra incumbencia, porque cuando alimentamos expectativas ponemos límites. Las expectativas son enviadas por la mente porque lo quiere controlar todo, y ella misma obedece las órdenes de las memorias. Además, mi ser superior sabe mejor que yo lo que me conviene. Por eso es importante entregarse con total confianza

a la voluntad divina. No siempre resulta fácil porque tenemos tendencia a mandar y querer controlar. Pero de hecho pensar eso es ilusorio. Debemos concienciarnos de que **no tenemos ni idea de lo que ocurre a nuestro alrededor en cada momento.** Nuestros órganos sensoriales reciben miles de datos por segundo y nuestro consciente sólo puede gestionar cuarenta. ¿Cómo podemos pretender controlar la realidad con una percepción tan reducida? Principalmente, todo discurre a nivel inconsciente, hasta los psiquiatras lo reconocen. Cuando lo comprendemos resulta más fácil soltar y entregarse a la inteligencia divina.

Nota añadida

Ho'oponopono podría resumirse en la responsabilidad al 100 por 100, la intención de limpiar, el amor y soltar. **Responsabilidad, amor y entrega a la fe.** ***Así es como recobramos nuestra auténtica identidad.***

Conviene recordar otros puntos antes de empezar una sesión de limpieza.

— Ser muy consciente de que no tenemos idea de lo que ocurre en el presente. Muchas cosas se desarrollan sin que tengamos la más mínima conciencia de ello.
— No es posible controlarlo todo. Es la clave para confiar en nuestra inteligencia divina. Así es como empezamos a soltar realmente.
— Todo es posible. Todo se puede curar. Todo lo que se encuentra en nuestro camino, por el hecho de ser nuestro camino, puede ser limpiado.
— La clave para alcanzar el «cero límites», es decir «Te amo». Esa energía de amor que va a trasmutar todas

las memorias. Por lo tanto es preciso amar nuestras memorias, amar nuestros problemas, así como todo lo que tenemos ante nosotros. De esta manera podremos vivenciar a Dios en nosotros.

— La inspiración es más importante que la intención. Hay que renunciar a toda expectativa en cuanto al resultado. Haciendo el vacio, la inspiración va a poder manifestarse.

Una vez establecido todo eso, podemos empezar la sesión.

1. **Piensa en tu problema.** Puede ser un problema de relación, un problema físico (dolor u otra molestia), un problema material, financiero o profesional.
2. **Acoge el problema y entra en tu interior.** Contacta con tu ser superior, con tu divinidad interior.
3. **Realiza la respiración «Ha».** Permite realizar la limpieza y también establecer la conexión con la propia divinidad interior.

   Con los pies bien apoyados en el suelo, la espalda bien recta, realiza las cuatro etapas de la respiración siguiente: contando hasta 7 en cada etapa inspira, aguanta el aire, espira, detén la respiración. Repite 9 veces esos movimientos respiratorios. Además puedes juntar el índice y el pulgar de cada mano en dos círculos entrelazados (signos del infinito) durante todo el ejercicio.
4. Piensa de nuevo en tu problema y repite:

Lo siento.
Perdóname.
Gracias.
Te amo.

Después basta con dejar que Dios haga el resto para la gran limpieza.

Nota añadida

Abre tu corazón y repite esas palabras:
«Gracias, te amo, no sabía que tenía en mí esas memorias que han creado el problema. Perdóname».
Luego hazte esta pregunta: «¿Qué hay en mí que esté creando ese problema? Estoy preparado para liberarlo. Gracias. Te amo por estar en mi vida y por darme la oportunidad de liberar esos programas inconscientes. Gracias. Te amo».
Luego dirígete a ti mismo, a las memorias y a Dios que está en ti porque es la energía del amor que va a operar la trasmutación.
«Lo siento, Perdóname. No sabía que tenía esto en mí. Gracias, te amo.
»Pido a Dios que tome todas esas memorias, todas esas energías negativas, todo ese sufrimiento, todo ese resentimiento y los trasmute en pura luz.
»A fin de que yo pueda recibir la inspiración y volver a encontrar mi propia identidad.
»Lo siento, perdóname, gracias, te amo.
»Lo siento, perdóname, gracias, te amo.
»Lo siento, perdóname, gracias, te amo.
»Lo siento, perdóname, gracias, te amo.
»Lo siento, perdóname, gracias, te amo.
»Lo siento, perdóname, gracias, te amo.
»Lo siento, perdóname, gracias, te amo.
»Lo siento, perdóname, gracias, te amo.
»Lo siento, perdóname, gracias, te amo.
»Lo siento, perdóname, gracias, te amo.
»Lo siento, perdóname, gracias, te amo.
»Lo siento, perdóname, gracias, te amo».

Soltar las expectativas, recibir la inspiración

5. Recibe la **inspiración.** La inspiración siempre viene sola. No hay que esperar ni pedir nada. Si te vienen ideas, cosas en las que nunca habías pensado, reconocerás entonces fácilmente la inspiración. Proviene de tu ser superior, de la divinidad que está en ti. En ese momento, podrás seguirla y actuar según sus indicaciones porque son acertadas.

Los beneficios de practicar Ho'oponopono

Esos beneficios son infinitos y alcanzan todos los aspectos de nuestra vida y de nuestra personalidad. No obstante, podemos resaltar sus elementos principales.

Nuestra vida se vuelve más ligera y fluida.

Ho'oponopono es despojarse, en el buen sentido de la palabra. Conforme vamos practicando, constatamos rápidamente que es una excelente manera de soltar esas maletas que lastran nuestra vida. Porque si todo problema encontrado es trasformado en oportunidad de liberación, se vuelve rápidamente evidente que a cada limpieza, una parte de los bultos soportados en la existencia se vuelven más ligeros.

A veces nos sorprende constatar nuestra exagerada reacción frente a cierto acontecimiento y nos preguntamos por qué. De hecho esto se da porque el acontecimiento sintoniza con algo que ya se ha vivido. Entonces esa memoria se reactiva e induce esa reacción exagerada. Conviene entonces proporcionarle una solución. Ho'oponopono nos permite así liberarnos de todos los grilletes que arrastramos. El resultado no siempre es obvio al principio, pero poco a poco nos sentimos más ligeros y felices.

Viajar ligero de equipaje. Mantener el rumbo

Para viajar de manera más confortable por nuestra existencia, se recomienda hacerlo ligero de equipaje y abandonar todos los viejos programas, los viejos conflictos, las viejas memorias que abarrotan nuestro cerebro y nuestra vida. Como globos aerostáticos, subimos entonces cada vez más alto, más cerca del sol, a medida que soltamos lastre.

Permite mantener el rumbo

Ho'oponopono permite retomar nuestro auténtico camino de vida y corregir el rumbo cuando uno se había alejado. Siempre que topamos con un problema, todo nuestro ser se concentra en él y nos olvidamos de todo lo demás. Y cuanto más nos concentramos en nuestro problema, más importancia toma en nuestra vida y más crece. Hay que hacer todo lo contrario, como los pilotos de carrera profesionales que nunca miran la curva sino «más allá» de la curva, en la dirección en que quieren ir. El coche siempre sigue su mirada.

Gracias a Ho'oponopono, no fijamos la atención sobre el problema sino sobre la limpieza de la memoria. Es lo único que importa, y de pronto, el problema va a desaparecer, o al menos a perder importancia. La energía va a desplazarse porque ésta se coloca donde depositamos nuestra atención.

Permite volver a centrarse

Ho'oponopono permite mantenerse fiel a uno mismo y enraizado en el propio ser profundo, así como volver a centrarse o resituarse cuando es necesario. Cuando creemos que el origen de nuestro problema se encuentra fuera, acabamos destabilizándonos, ya que el peso se encuentra fuera de nosotros. Ho'oponopono va a permitirnos corregir ese punto de vista al recolocar el eje de acción en nuestro interior. Dejamos entonces de ceder todo nuestro poder a los demás y a las circunstancias externas para recolocarlo dentro de nosotros mismos. De paso, con el eje en nuestro centro, somos mucho más estables frente a los altibajos de la vida.

Permite volver a nuestra auténtica identidad

Llevamos muchas capas encima, creencias, memorias, circuitos que nos alejan de nuestra verdadera identidad. Son el origen de los distintos roles que desempeñamos en la vida: el de hija sumisa, el de buen estudiante, el de madre perfecta o sencillamente el papel de esposo, esposa, padre, hijo. Incluso el oficio es un rol.

Todos esos roles son el resultado de los programas inconscientes y de las memorias. Ho'oponopono despeja progresivamente esas capas de disfraz y nos permite descubrir quiénes somos en realidad. Eso no significa que vamos a cambiarlo o pararlo todo, sino sencillamente que ya no vamos a identificarnos con esos roles y sí con nuestro ser verdadero. Haremos las cosas porque queremos y no ya para adaptarnos al papel que nuestras memorias nos habían adjudicado.

Permite rencontrar la paz interior

La paz consiste en la ausencia de conflicto y la ausencia de dualidad. Gracias a Ho'oponopono, vamos a crear unidad en nuestro interior. Ya no hay conflicto entre el exterior y nosotros mismos, ya que todo está en el interior. Ya no hay lucha. Aceptamos que el exterior tan sólo es una emanación de nuestro interior porque todo es uno. Y aceptamos que lo hemos creado nosotros y que todo puede ser trasmutado por el amor. Se produce una alquimia interior.

La alquimia del amor

Permite desarrollar el sentido del humor

De vez en cuando nos toparemos con tantos problemas o problemas tan graves que nos resultará difícil creer que somos sus creadores. Cuando estamos bien impregnados de Ho'oponopono, esto nos puede resultar hasta gracioso y a menudo nos preguntamos: «¿Cómo he podido inventar una situación tan retorcida?». Incluso es posible reírse de ello porque de hecho ya hemos desarrollado una confianza inquebrantable en el proceso de curación

Ho'oponopono. Confiamos totalmente en la limpieza a punto de producirse. Por último y para llegar más lejos, cuanto más importantes sean los acontecimientos, más poderosos son las memorias asociados y más beneficiosa será la limpieza que se dará a favor de nuestra evolución personal y ¡mayor será nuestro alivio!

Herramientas de limpieza

Herramientas propuestas por el doctor Len.

La oración de Morrnah

«Divino creador, padre, madre, hijo,
todos en uno...
si yo, mi familia mis allegados
o mis ancestros os hemos ofendido
a vosotros, vuestra familia, vuestros allegados
y vuestros ancestros en palabra
o actos

desde el principio de los tiempos
hasta hoy,
os pedimos perdón...
Limpiemos, purifiquemos, soltemos,
eliminemos todas estas memorias
negativas,
esos bloqueos, esas energías y vibraciones
negativas
y trasmutemos todas esas energías
no deseadas en pura luz...
¡Que así sea!».

La respiración Ha

Véase p. 48, punto 3.

El agua azul solar

Beber mucha agua es una buena manera de limpiar. El doctor Len aconseja el agua azul solar.

Nota añadida

Para preparar agua azul solar, utiliza una botella azul de vidrio, llénala con agua, asegúrate de colocar un tapón que no sea metálico y coloca la botella al sol durante una hora. Beber esa agua nos permitirá limpiar las memorias.

El vaso lleno en dos tercios

Escribe sobre un papel dentro de un círculo tu problema o la situación que te preocupa. Después rellena un vaso con dos tercios de agua y colócalo sobre el papel en el centro del círculo. El agua del vaso se encargará de las memorias relacionadas con dicho problema. Recuerda cambiar el agua al menos dos veces por día (mañana y tarde).

Todas esas herramientas no son más que disparadores del proceso de limpieza. Proponen distintas maneras de centrar la atención no sobre el problema, sino sobre la solución, y sobre todo de conectar con la parte divina que se encuentra en cada uno de nosotros y decirle: «Estoy dispuesto/a a soltar, gracias por borrar esas memorias en mí».

Crear herramientas propias

Todos podemos inventar nuestras propias herramientas. Aquí damos algunos ejemplos.

La ducha o lluvia de amor

Visualiza que estás bajo una ducha de amor que limpia las memorias que te mantienen atrapado en tu problema.

La respiración consciente

— Al inspirar visualiza que con el aire penetra en ti la energía del Universo.
— Al espirar visualiza la eliminación de las memorias erróneas o de los viejos programas inconscientes que ya no sirven a medida que sueltas el aire.

Los «Post-it» colocados en todas partes

En ellos escribes:

«Gracias, te amo», «Estoy limpiando» o «Soy creador al 100 por 100. Perdóname y gracias por limpiar».

La baraja de cartas Ho'oponopono

Existe una baraja de cartas que recoge los puntos importantes de Ho'oponopono. Cada carta es una llave que abre la puerta para que actúe la magia de esa práctica. Toda la información acerca de esa baraja se encuentra al final del libro.

4

Ho'oponopono en el día a día

El reflejo Ho'oponopono

Los ámbitos de aplicación de Ho'oponopono son infinitos. Encontrarás en este capítulo algunos ejemplos concretos extraídos de nuestra propia experiencia en el día a día.

Recordemos un elemento esencial en la práctica de Ho'oponopono: no estés pendiente de lograr resultados milagrosos o soluciones determinadas, mejor permanece a la escucha de tu estado interior. Si te sientes más tranquilo y sereno, es señal de que la limpieza ya ha comenzado. A menudo constatarás que te has olvidado del problema inicial, habrás pasado a otra cosa.

Un problema de relación

Si estás en conflicto con otra persona o si sencillamente te molesta, significa que tienes una o varias memorias que se están manifestando a través de ella. Agradece a esa persona el darte la oportunidad de limpiar esas memorias de las que no eras consciente. Recuerda la metáfora del cuento de la mancha en el rostro.

Acepta la total responsabilidad de lo que vives y pide a Dios que te ayude a limpiar esas memorias, sin interferir y sin ninguna expectativa en relación con el desenlace de la situación.

Acepta todo lo que aparece y aprovecha la oportunidad que se te da de desarrollar tu amor incondicional hacia esa persona. Perdónate y ámate en tu totalidad.

Veamos un ejemplo: «Estoy en desacuerdo con mi marido sobre cierto tema». ¡Sé que tengo razón! No tengo ninguna duda al respecto. Siempre es así en caso de conflicto, creemos tener razón y pensamos que es culpa del otro. ¿Qué puedo hacer? ¿Argumentar para convencerle de que tengo razón? ¿Chantajearle para que venga a mi terreno? ¡Es lo que he hecho toda la vida y no funciona! Si mantengo esa postura, me quedo bloqueada, no puedo hacer nada.

Aceptar lo que viene

Entonces decido hacer otra cosa. Voy a corregir mis pensamientos, los que me hacen percibir la situación como un problema. Porque en última instancia ¿qué es mejor: ser feliz o mantener la sensación de tener razón? Acepto que ese conflicto es 100 por 100 mi creación, desarrollo la paz y el amor en mi corazón y pienso: «Te pido perdón, no sé lo que hay en mí que ha creado esta situación. Gracias por mostrármelo. Te amo».

Después confío a Dios la limpieza de esas memorias erróneas sin esperar ningún resultado concreto. Y ¡oh maravilla! Mi marido se acerca y me dice que al fin y al cabo quizás estoy en lo cierto. Y por mi parte, ¡he olvidado de qué estábamos hablando!

Un problema financiero

Si tienes dificultades financieras es porque tienes memorias erróneas en relación con el dinero. Practicar Ho'oponopono te va a permitir limpiar esas memorias. Después aparecerán respuestas y revelaciones. Esas nuevas ideas, fuente de inspiración, provienen de tu Yo superior. En ese momento habrá que pasar a la acción sabiendo que se trata de la acción correcta.

Ho'oponopono ha permitido levantar el velo que te impedía acceder a todo tu potencial.

Cuando te ciegan tus memorias erróneas, no puedes acceder a una nueva comprensión, a patrones nuevos de funcionamiento y te limitas tú solo.

Una dificultad en la vida

Por ejemplo no logras realizar alguna cosa en tu vida y lo vives como una limitación. Significa que tienes memorias actuando sobre ese aspecto de tu vida. Empiezas por reconocer: «Acepto el hecho de ser el creador de esa dificultad».

Dejas de pelear contra esa dificultad, al contrario, le das las gracias por estar presente y darte la oportunidad de trasformarla. Empiezas por amarla. «Gracias, te amo. Te pido perdón. No sé lo que, dentro de mí, ha creado esto en mi vida».

Los caminos de la inspiración son ilimitados

Luego te adentras en ti mismo y hablas con tu ser superior para que trasmute esa memoria.

Ama esa memoria, ama ese límite. Perdónate. Da las gracias porque ahora vas a poder liberarlo. Y suelta, deja hacer.

«Gracias, Te amo. Lo siento. Perdóname, no lo sabía. Gracias porque hoy voy a poder limpiarte. Te amo».

Como por casualidad, verás aparecer en tu vida situaciones en las que desarrollar tu capacidad para hacer cosas en las que nunca habías pensado. Incluso vas a encontrarte con personas que te ayudarán. Los caminos de la inspiración son ilimitados.

Una dependencia

Una dependencia es la manifestación de una memoria, una memoria de escasez que la persona que crea la dependencia quiere colmar. Conviene empezar siempre por amar y aceptar esa dependencia. Ya que «¡todo a lo cual nos resistimos, persiste!». Es la razón por la cual debemos amarla así como a nuestro niño interior que sufre y trata de colmar su sufrimiento a través del alcohol, el tabaco, la droga, el chocolate o incluso otra persona.

Después hay que pedir a nuestro Yo superior, y a través de él a Dios, que limpie los programas, los pensamientos erróneos que se encuentran en nuestro interior y que son responsables de esa dependencia y repetir a menudo «Gracias. Te amo».

Luego, la persona deberá acoger las inspiraciones que reciba y que le ayudarán ya sea:

— a dejar la dependencia;
— a encontrar soluciones que compensarán su falta;
— a encontrar indicaciones para reforzar su identidad y así ayudarle a acceder a niveles superiores que le permitirán salir de ese comportamiento inapropiado.

Los caminos son diversos y diferentes para cada persona. Ho'oponopono nos enseña a amarnos, a cuidar de nosotros mismos, a adquirir paciencia y en primer lugar paciencia con nosotros mismos.

Amar a nuestro niño interior

Preparar un acontecimiento

Ho'oponopono puede ayudarnos a prepararnos para un acontecimiento importante que esperamos con ilusión o inquietud:

— una cita de trabajo;
— una cita amorosa;
— una reunión importante;
— una boda, un nacimiento, una fiesta, un cumpleaños;
— un viaje.

El propósito es limpiar de antemano todas las memorias relacionadas con las personas que van a participar en el evento y todos los relacionados con el evento en sí. Al mismo tiempo que limpiamos, **soltamos todas las expectativas** que podamos tener en relación con dicho evento. Así estaremos en paz pase lo que pase. Y lo que pase de todas maneras será bueno e incluso ¡perfecto!

Con la práctica, es fácil integrar esa costumbre en cada momento de la vida diaria para todo lo que ocurra. De esta manera, la limpieza de memorias erróneas se realiza sin cesar.

Veamos un ejemplo concreto: una pareja tenía que recoger a una persona que venía del extranjero. Estaban felices de acogerla por motivos personales y profesionales. Camino del aeropuerto hacen Ho'oponopono. Una costumbre que han integrado y que les permite centrarse y permanecer en paz. Llegados al aeropuerto descubren que el vuelo ha sido anulado. Era el único vuelo anulado aquel día y sin ninguna explicación. No tenían medio alguno de contactar con la persona y ésta tampoco les había llamado.

Lo que les sorprendió de ese episodio es la forma en que permanecieron tranquilos y sin frustración a pesar de que eso había supuesto más de cuatro horas en coche para nada.

Ése es el propósito de Ho'oponopono: crear una paz interna en cualquier circunstancia. La limpieza previa a un acontecimiento libera toda expectativa, permite seguir siendo uno mismo ocurra lo que ocurra y recibir lo que llegue con los brazos abiertos. Viviendo las cosas de esta manera, sin ninguna expectativa, permanecemos en contacto con nuestra divinidad interior y así los milagros pueden producirse, cosas que nunca habríamos podido imaginar.

Todo es perfecto

Un problema de sobrepeso

Es frecuente que cuando una persona engorda empiece a percibir más a los demás con sobrepeso. De no tener ella misma ese problema, es muy posible que no lo notase en los demás, o en todo caso eso no la afectaría. Por eso, si tu atención queda atrapada por los michelines de los demás, puedes deducir que tienes algo que solucionar en este sentido.

Siempre es interesante prestar atención a los elementos que atraen nuestra mirada porque revelan cosas por limpiar. ¡Qué mejor ocasión que ésta para hacer Ho'oponopono!

Es importante recordar que somos 100 por 100 creadores de ese sobrepeso. Luego, hay que amar esos kilos de más, así como las memorias ligadas a ellas, agradecerles su presencia y que se muestren. Cuando logramos amarlos y encontrarlos perfectos ¡lo hemos logrado! Entonces repetimos varias veces: «Gracias. Te amo. Lo siento. Te pido perdón».

A menudo, el peso dejará de ser un problema para la persona. Además, con el tiempo y sin seguir ninguna dieta especial, la persona modifica su alimentación o aumenta su actividad física y ¡todo se arregla como por arte de magia!

El reflejo Ho'oponopono

Es posible y aconsejable hacer Ho'oponopono durante las actividades diarias, como por ejemplo al caminar, repitiendo las cuatro frases como un mantra y entregando todo lo que haces a tu Yo superior sin esperar nada en particular. Mientras caminamos nos asaltan numerosos pensamientos acerca de lo que vamos a hacer o lo que hemos hecho. Con cada pensamiento que llega basta con decir:

«Gracias. Te amo. Gracias. Te amo...», y ése se desvanece. Llega un instante de paz. Luego viene otro pensamiento: «Gracias. Te amo. Gracias. Te amo...». De nuevo se instaura paz.

Con el tiempo y la práctica, los momentos de paz se alargan cada vez más y se hacen más frecuentes. Emergen nuevos pensamientos, inspiraciones e intuiciones en la conciencia. Recíbelos con atención y benevolencia.

Ho'oponopono al acostarse y al levantarse

Es siempre útil realizar una buena limpieza antes de dormirse. Eliminará todas las memorias relacionadas con los acontecimientos del día.

Para eso se puede repasar mentalmente el día como una pequeña película repitiendo al mismo tiempo el mantra «Lo siento. Perdóname. Gracias. Te amo» para cada escena, cada situación vivida y cada persona encontrada. Luego hay que confiar a nuestro ser superior todas las preocupaciones del momento, soltando todas las expectativas y aceptar que todo es perfecto.

Limpiar antes de dormir

Se puede hacer lo mismo al despertar. Después de realizar unas respiraciones profundas, conectamos con nuestro ser superior y hacemos Ho'oponopono para todos nuestros proyectos, deberes, obligaciones, citas y encuentros previstos para ese día.

Al levantarnos, decimos un enorme «¡gracias!» y soltamos toda expectativa para ese día. Para terminar afirmamos nuestra unidad con todas las partes de nuestro ser, el subconsciente, el consciente, el supraconsciente, la divinidad interior, y así pasamos un día en perfecta armonía.

Un día en perfecta armonía

La limpieza del cuerpo

Esta meditación va a realizar una limpieza completa de todas las memorias almacenadas en tu cuerpo.

— Toma medidas para no ser molestado durante unos minutos, como desconectar el teléfono, y túmbate o siéntate cómodamente.
— Cierra los ojos y respira profundamente varias veces.
— Concentra tu atención en tus pies. Entonces pide que sean limpiadas todas las memorias almacenadas ahí. Repites «Gracias. Te amo» seis o siete veces.
— Luego sucesivamente vas concentrando tu atención sobre los puntos siguientes repitiendo a cada vez «Gracias, te amo...» Seis o siete veces:

- Dedos de los pies, «Gracias, te amo, gracias, te amo...».
- Tobillos, «Gracias, te amo, gracias, te amo...».
- Pantorrillas, «Gracias, te amo, gracias, te amo...».
- Rodillas, «Gracias, te amo, gracias, te amo...».
- Piernas, «Gracias, te amo, gracias, te amo...».
- Caderas, «Gracias, te amo, gracias, te amo...».
- Plexo solar, «Gracias, te amo, gracias, te amo...».
- Bajo vientre, «Gracias, te amo, gracias, te amo...».
- Órganos internos: hígado, estómago, riñones, intestinos, vejiga, «Gracias, te amo, gracias, te amo...».
- Órganos: corazón, pulmones, «Gracias, te amo, gracias, te amo...».
- Garganta, «Gracias, te amo, gracias, te amo...».
- Cuello, «Gracias, te amo, gracias, te amo...».
- Mandíbulas, «Gracias, te amo, gracias, te amo...».
- Boca, nariz, ojos y oídos, «Gracias, te amo, gracias, te amo...».
- Toda la cabeza, «Gracias, te amo, gracias, te amo...».

- Todas las células del cuerpo, «Gracias, te amo, gracias, te amo…».
- Todas las células de la sangre, «Gracias, te amo, gracias, te amo…».
- Piel, uñas y cabello, «Gracias, te amo, gracias, te amo…».
- Huesos, «Gracias, te amo, gracias, te amo…».
- Todo el cuerpo, «Gracias, te amo, gracias, te amo…».

Acoge las sensaciones producidas por esa profunda limpieza y da las gracias.

Gracias
Te amo

La limpieza de los lazos familiares

Es muy útil liberarse de los lazos que nos atan a los miembros de nuestra familia porque suelen ser más fuertes y profundos que otros lazos. Nos aprisionan y nos impiden ser nosotros mismos.

Por lo tanto es necesario hacer Ho'oponopono con nuestros hijos, nuestros padres, así como con nuestros hermanos y hermanas y demás miembros de nuestra familia por los que sentimos un especial apego o al contrario, aversión.

Liberarnos de los apegos y de las aversiones, no sólo nos libera de los demás, sino que nos abre a nosotros mismos y permite que nuestra personalidad profunda se exprese. Dejamos salir nuestra verdadera naturaleza que es amor.

Dichos lazos familiares originan numerosas memorias que dirigen nuestra vida de manera totalmente inconsciente. Por ello, aunque nos parezca innecesario, a menudo es liberador hacer regularmente Ho'oponopono con cada miembro de nuestra familia. Nos liberamos a nosotros mismos y liberamos a los demás para que puedan seguir su propio camino de evolución.

5

Un camino de evolución

Lo divino en nosotros mismos

Para numerosas personas, Ho'oponopono representa una culminación tras años de tanteos y búsquedas. Cuando una persona descubre Ho'oponopono, lo primero que siente es la rectitud de este proceso. Es tan sencillo y verdadero a la vez que no cabe decir nada más. No queda más que ponerlo en práctica.

Víctima, creador, divino...

Así, Ho'oponopono podría ser la última etapa, al menos por el momento, del camino de evolución de los seres humanos.

Joe Vitale, en su libro *Cero límites*,[2] ha explicado perfectamente las diferentes etapas de esa evolución.

— El primer nivel consiste en considerarse como una víctima. Todos empezamos nuestra vida en esa etapa, sintiéndonos impotentes y creyendo que el mundo exterior tiene total poder sobre nosotros y que somos el resultado de ese mundo exterior.

— Después aprendemos que somos creadores. En ese momento empezamos a querer controlarlo todo. Para ello recurrimos a todos los medios a nuestro alcance: visualizaciones, afirmaciones, la intención, la ley de atracción. Esa etapa es necesaria para tomar conciencia de nuestro propio poder creador y salir del papel de víctima. Nos convertimos en dueños de nuestra vida.

— Finalmente tomamos conciencia de que hay en nosotros algo mucho más grande, una vibración más elevada situada en el interior de cada ser y que nos vincula a todos unos con otros. Es nuestra parte divina. Empezamos entonces a tomar contacto con esa parte de nosotros que no tiene límites y nos damos cuenta que nuestras intenciones y nuestros deseos quizás no sean más que limitaciones. Comprendemos entonces que al fin y al cabo no es posible controlarlo

Entregarse a la propia divinidad interior

2. *Cero límites*, Joe Vitale y Ihaleakala Hew Len, (Ediciones Obelisco, 2011).

todo y que si decidimos soltar y confiar en nuestro Yo superior los acontecimientos se desarrollan mucho mejor, incluso de una manera que nunca habríamos imaginado. En esa etapa empezamos soltando para después abandonarnos en nuestra divinidad interior. Empezamos a experimentar paz interior, gratitud y admiración.

Ho'oponopono y los terapeutas

El planteamiento que propone Ho'oponopono es de gran utilidad para todas las personas que trabajan sanando y ayudando a los demás porque permite contemplar la terapia de una manera totalmente diferente y obliga a salir definitivamente del terrible triángulo «víctima-verdugo-salvador».

La persona o paciente o enfermo se siente «víctima» de cierta circunstancia. Puede ser una enfermedad, una dificultad de relación o un bloqueo en su vida, no importa, el problema es que se percibe como víctima y que por lo tanto existe un «verdugo» ajeno a ella, responsable de la situación: un cónyuge infiel, un jefe intransigente, un error bancario, una infección viral, un órgano deficiente, un accidente de coche, etc.

La persona entonces visita a un «terapeuta» para que encuentre una solución a su situación. El terapeuta se convierte así en el «salvador» que va a liberar a la víctima de su «verdugo». Es el mago que va a proporcionar la solución con su varita mágica.

Cuando se ha integrado Ho'oponopono, ya no es posible entrar en esa ilusión de curar a los demás. El terapeuta ya no puede pretender curar a su paciente y el paciente ya no puede esperar ser curado por el terapeuta. La relación se convierte en un intercambio en el que ambos tienen algo que sanar por dentro, tanto el paciente como el terapeuta.

Por otra parte, cada terapeuta debería dar las gracias a cada paciente por el maravilloso regalo que éste le proporciona al mostrarle sus propias zonas de sombra, sus propios ángulos muertos que solo nunca llegaría a detectar. Cuanto más ilumine sus propias zonas oscuras y abra su campo de visión, más se manifestarán la apertura y la luz fuera de él y en especial en sus pacientes.

Así pues, el papel del terapeuta es vivir en paz y dejar que se irradie su paz interior lo más posible. Para ello sólo cabe hacer una cosa: limpiar, limpiar y limpiar sus propias memorias. De esta forma demuestra a todos que la paz es posible y que la paz empieza dentro de uno.

El papel del terapeuta se convierte así más bien en esclarecedor de conciencias, abridor de posibilidades o de puertas para nuevas posibilidades, y de «trasformador» de puntos de vista. Es una persona que busca encarnar su auténtica identidad y que con su ejemplo invita a los demás a hacer lo mismo. Pero va más allá:

— busca a la «divinidad» en cada persona a fin de restituirle todo su espacio;
— invita a la persona a modificar su perspectiva acerca de la situación, lo cual le ayuda a salir de su

papel de víctima y tomar conciencia de que lo tiene todo dentro de ella para sanar o resolver su problema. Y así empieza la paz dentro de uno.

Un camino cotidiano

Ho'oponopono no es un planteamiento de sanación instantánea. No se trata de algo que se hace de una vez por todas y ahí se acaba. Al contrario, a menudo tenemos la impresión que es una historia de nunca acabar porque siempre queda algo por limpiar.

¿Acaso es posible vislumbrar el día en que todas nuestras memorias erróneas se hayan limpiado? Esto significaría haber llegado a cierta perfección, a la paz interior y al amor. Es probable que al alcanzar ese nivel de evolución ya nos quede poco que hacer en la Tierra, salvo trasmitir nuestra experiencia a los demás.

Un camino y no una meta

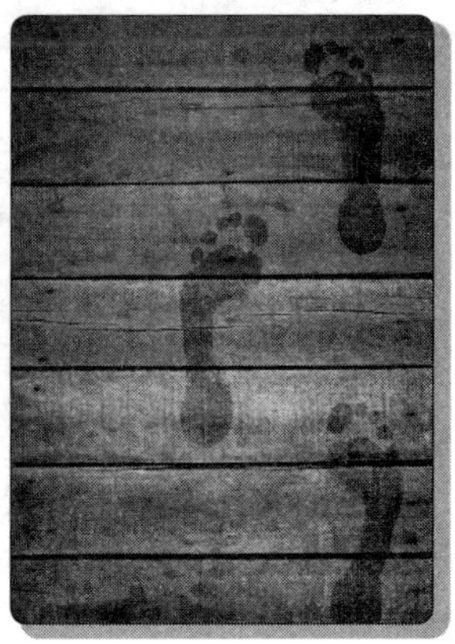

Mirando desde otro ángulo, es muy probable que las distintas memorias estén interconectadas entre los individuos, que sean compartidas por varias personas incluso por toda la humanidad. Aquí volvemos a la noción de unidad.

Esto quiere decir que cuando nos liberamos de una memoria, de paso liberamos a los demás aunque ese no fuese nuestro objetivo de partida. Esa acción colabora con la evolución de toda la humanidad.

Ho'oponopono es un camino, no una meta. La energía necesaria para recorrer ese camino es la del «Amor». Es un camino de depuración y de desapego que proporciona cada vez más pureza y paz interior a las personas que lo siguen ¡así como a las demás!

Ho'oponopono es un camino de cada día, de cada instante.

Estamos todos entrelazados

El universo no es tal como nos lo suelen representar. Se compone de energía y de ahí que el concepto de vacío sea un error. El vacio de hecho está «lleno» de energía.

Además, la materia como la conocemos no existe. Ésta no es más que una gigantesca concentración de energía. Así se forman las subpartículas y las partículas que constituyen los ladrillos de los átomos y de las moléculas hasta llegar a los seres humanos.

Igualmente, el ser humano es energético mucho antes que químico. Las medicinas tradicionales china e india (ayurveda) han reconocido perfectamente esa naturaleza vibratoria y han estudiado minuciosamente la constitución y la circulación energética del ser humano. Los chinos han cartografiado los meridianos de acupuntura. Y los indios han descrito los cuerpos energéticos con los chakras y la kundalini. La medicina moderna reconoce también aspectos eléctricos en el ser humano con la polaridad de las células, la circulación del impulso nervioso, la contracción muscular, las ondas cerebrales, etc. Resumiendo, el ser humano, como todo lo que existe en el universo, es de naturaleza energética

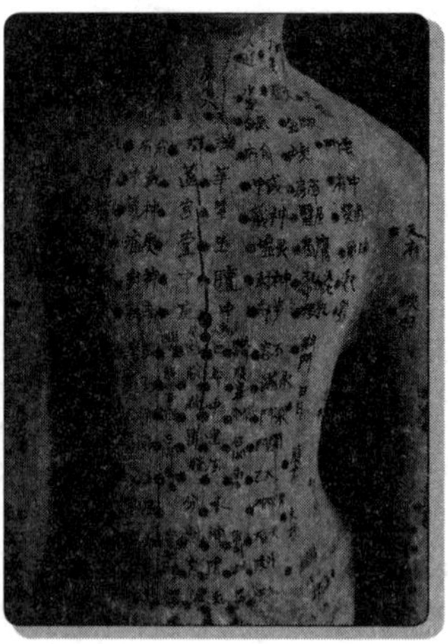

y esto modifica completamente la imagen que se da de él habitualmente.

La física cuántica por su lado ha establecido, gracias a la «teoría onda-partícula», que una onda (energía) puede trasformarse en partícula y a la inversa. Al igual que el agua puede trasformarse en vapor y luego volver al estado de agua cuando la temperatura desciende. Así, esos dos aspectos de materia y energía son de hecho de la misma naturaleza energética y pueden intercambiarse.

Es aquí donde interviene la información. Es ella la que va a ordenar las formas de onda o partícula de la energía por todo el universo. El pensamiento humano no es otra cosa que una información llevada por una onda. Es capaz de realizar hazañas, tal como lo han demostrado numerosos experimentos de física cuántica e investigaciones rusas. Ha quedado demostrado que el pensamiento es capaz de actuar sobre la materia, como lo han revelado los trabajos del profesor Masaru Emoto sobre la cristalización del agua (*véase* más adelante).

Todos esos fenómenos quedan muy bien resumidos en la «teoría de las cuerdas» de la física cuántica. Se trata de la «teoría del todo», pues unifica los diferentes principios del universo. Así lo describe de forma bastante poética:

— todas las partículas atómicas se componen de minúsculas bolas de energía que vibran como cuerdas;
— cada cuerda tiene su propia frecuencia, como las notas producidas por un violín;
— esas notas componen todo nuestro universo en una magnifica sinfonía cósmica;
— esas cuerdas no dejan de juntarse y reagruparse desde el big bang, en un inmenso movimiento llamado vida.

Eso explica los lazos existentes entre los humanos, así como entre los humanos y el universo entero, y demuestra que estamos todos entrelazados.

Así es como la física cuántica puede contribuir a explicar el funcionamiento de Ho'oponopono. Puesto que todo no es más que energía y que la mente puede afectar esa energía o materia, empezamos a comprender cómo nuestras memorias erróneas pueden modelar elementos perturbadores y a la inversa, como un pensamiento puro proporciona una armonía en el entorno donde habita.

El mensaje de Emoto

Masaru Emoto es reconocido en el mundo entero por sus magníficos trabajos sobre las cristalizaciones del agua. Ha mostrado que la estructura del agua se modifica según haya o no contaminación, según la música emitida, pero también según los pensamientos que se le envían. Esa última experiencia muestra como nuestro solo pensamiento ya interfiere sobre la materia, el agua.

También gracias a Emoto, sabemos que nada es ineluctable. Lo que se ha hecho puede deshacerse. Si un pensamiento negativo puede desestructurar el agua, un pensamiento positivo es capaz de reestructurarla.

Nada es ineluctable

Por eso, cuando Masaru Emoto vio los enormes daños ecológicos producidos por la fuga de petróleo en el golfo de México en el 2010, lanzó vía Internet un llamamiento para que un gran número de personas se uniesen para enviar una intención de amor y curación hacia esa terrible contaminación.

Inspirándose en esa práctica de Ho'oponopono, propuso una «oración» con el fin de actuar sobre esa catástrofe, detenerla y limpiar los daños causados al medioambiente. Como somos creadores de todo lo que ocurre en nuestra vida, de cerca o de lejos, también hemos creado

Para ir más allá

He aquí el mensaje de Emoto:

«Envío la energía del amor y de la gratitud al agua y a todos los seres vivos en el golfo de México y sus alrededores. A las ballenas, a los delfines, a los pelícanos, a los peces, a los crustáceos, al plancton, al coral, a las algas y a todas las criaturas vivas... Lo siento, perdonadme. Os doy las gracias. Os amo».

ese desastre. Así, al modificar nuestros pensamientos podemos repararlo y hacerlo desaparecer.

Es difícil llegar a saber si ese mensaje provenía realmente de Masaru Emoto, pero en el fondo no importa porque es magnífico y unificador.

Podríamos no limitarnos a esa catástrofe y extender esa «oración» a todos los seres humanos que están sufriendo, a todas las contaminaciones, todas las catástrofes, todas las desgracias, todas las injusticias y todas las guerras que tienen lugar hoy en día en nuestro planeta.

Un gran momento de evolución

Podríamos también enviar pensamientos de amor a todos los gobernantes de nuestro mundo, incluso al universo entero, a fin de trasformar la Tierra en un magnífico edén donde todos los seres tuvieran su lugar compartiendo todo en armonía y amor.

Porque si somos lo suficientemente numerosos para dedicar todos los días algunos minutos a solicitarlo, tranquilamente sin ni siquiera salir de casa, TODO puede cambiar. Nuestro poder no tiene límites. Podemos cambiarlo todo en nuestra vida de un día para otro.

Y para los escépticos no cuesta nada probarlo, porque si funciona, tal como lo han demostrado los trabajos de Emoto, nuestro planeta, nosotros mismos y nuestra salud se verán trasformados.

Las nuevas energías

Ian Xel Lungold[3] ha estudiado profundamente el calendario maya y explica que actualmente nos encontramos en un gran movimiento de evolución hacia estados del ser cada vez más elevados. Por otro lado, esto queda confirmado por un aumento de la frecuencia de Schumann, en relación directa con el campo magnético terrestre. Parece que ha pasado de 7,8 Hz en los años setenta a 12,9 Hz en la actualidad, lo que constituye un cambio espectacular y totalmente nuevo para la Tierra.

Integridad
Intuición
Amor

Esa elevación de frecuencia se traduce por una aceleración de los acontecimientos y perturba a los seres humanos produciendo fatiga, depresión, estrés, ansiedad, insomnio, vértigos, desorientación, alteraciones de la concentración, etc.

Esa evolución de la Tierra y del universo es ineluctable. Va a permitir a todos los seres humanos desarrollar su espíritu y su conciencia, así como perder apego por la materia.

Muchas personas sienten hoy en día incomodidad debida a esos cambios que tienen lugar por fases. Para ayudarles a prepararse y ayudar a su cuerpo, y sobre todo a

---

3. http://www.mayanmajix.com/art024sp.html#

su espíritu, a adaptarse a esas nuevas energías conviene que permanezcan centradas en ellas mismas.

Para ello, es importante permanecer «íntegro», es decir, seguir el camino que nos dictan nuestro corazón y nuestras intuiciones, y permanecer conectado con la energía del Amor.

Otro elemento esencial es la importancia de quitarse el peso de todas las memorias erróneas, viejos patrones, circuitos inútiles que ya no sólo no tienen cabida en esas nuevas energías sino que pueden perturbar drásticamente el avance de las personas. Ciertamente es el motivo por el cual Ho'oponopono se está desarrollando por todo el planeta. Está ahí para ayudar a las personas a aliviar su carga, permitirles eliminar de manera sencilla y muy rápida todas esas memorias negativas que llevan encima con el único requisito de tomar conciencia de ellas y solicitar que sean borradas.

Ho'oponopono permite a los seres humanos liberarse de sus viejas cadenas y acceder a las nuevas energías que anuncian maravillosos cambios venideros por el bien supremo del conjunto de la humanidad.

Conclusión

Ho'oponopono es una maravillosa herramienta que no precisa de largas y fastidiosas horas de aprendizaje. Tampoco necesita la ayuda de nadie, de ningún maestro, ni gurú ni dirigente. Su técnica es de una sencillez maravillosa. Curiosamente, si atendemos nuestra intuición, sentimos en el fondo de nosotros que esa vía es acertada.

Sencillez

Su principio consiste en detectar en nuestro entorno lo que no funciona, lo que «falla», lo que es sufrimiento y desarmonía. A partir de ahí hay que decirse que esas desarmonías son el reflejo de nuestros sufrimientos interiores que provienen de nuestras memorias pasadas. La llave, la solución, consiste sencillamente en mandar amor y perdón a esa memoria, a ese problema, para que desaparezca como por ensalmo. Es tan sencillo que parece demasiado bonito para ser verdad, sin embargo basta con probarlo para darse cuenta que funciona. Ese mero hecho vale por todas las explicaciones. Después, una vez borrado el problema, nuestra realidad se ve trasformada como cuando se añade un nuevo matiz a un color y éste se ve irremediablemente modificado.

Así, la realidad no es más que la representación de diferentes facetas de nuestra personalidad, conscientes e inconscientes, armoniosas o discordantes.

Tanto la psicología como la psiquiatría ya evocaron ese concepto. Jung mencionó las «sincronicidades» que pueden aparecer en nuestra vida como indicadores de ruta, sin explicar mucho de dónde podrían provenir esas extrañas coincidencias.

Por su lado, Ho'oponopono explica perfectamente cómo se producen esos fenómenos. Precisa que nosotros y sólo nosotros somos creadores de la realidad, nuestra realidad, del entorno en el cual vivimos, de las personas que encontramos, de los acontecimientos que sobrevienen en nuestra vida. En otras palabras, podríamos decir que nuestro interior y nuestro exterior están entrelazados, incluso que forman una sola y misma identidad.

Esas nociones convergen con algunos aspectos de la física cuántica que explican cómo el pensamiento actúa sobre la materia y también que estamos todos entrelazados de un extremo a otro del universo. De ahí que numerosos investigadores se hagan esa pregunta: «¿Y si al fin y al cabo todo no fuera más que información?». Una pregunta aguda pero terriblemente molesta para nuestras mentes cartesianas. Además, si vamos más lejos podemos preguntarnos si lo real de hecho existe, pues Ho'oponopono nos enseña que lo que vivimos no es más que el reflejo de nuestra realidad interior, cada cual con la suya personal, lo que significa que cada persona crea su propia realidad como un pintor crea su cuadro.

Sigamos pues ese camino de Ho'oponopono que nos demuestra que podemos cambiar el mundo sin salir de

El amor lo trasciende todo

casa y que así somos capaces de crear el paraíso o el infierno según las memorias reactivadas. Ho'oponopono nos enseña también que el amor es la fuerza que lo domina todo. No se puede contraponer al odio y la maldad cuya contrapartida es la compasión y la bondad. El amor lo trasciende todo, es la llave que permite borrar todas las memorias negativas y desarrollar una realidad, o mejor dicho, un interior armonioso. Ho'oponopono nos muestra el camino para conseguirlo.

Somos responsables de la realidad, lo que nos lleva enseguida a la noción de culpabilidad, un concepto totalmente erróneo para Ho'oponopono. Conviene más bien considerarnos como creadores de nuestro cuadro, de nuestra realidad, que podemos hacer y deshacer según nuestra voluntad y nuestras aspiraciones. La realidad por lo tanto no tiene consistencia. Entonces ¿de qué podríamos ser responsables? ¿El pintor es responsable de su cuadro? Esto no tiene sentido. Es su creador y puede dejarlo tal cual o modificarlo si le viene en gana.

cada persona debe encontrar la respuesta

Por lo visto, la realidad, en el sentido en que solemos entenderla, no existe. Cambia constantemente según nuestras aspiraciones, sin que nos demos cuenta la mayoría del tiempo. Entonces, la vida no sería más que una ilusión, lo cual converge con la filosofía budista, o mejor aún, el punto de vista de los aborígenes australianos, que hablan de los hacedores de sueños. ¿Acaso estamos sólo soñando que vivimos y a través de ello hacemos experimentos que puedan servir a nuestra evolución personal? Le corresponde a cada cual encontrar su respuesta. Así es también el maravilloso Ho'oponopono, no impone nada y nos deja totalmente libres de pensar lo que queramos. Todo está bien porque cada explicación corresponderá precisamente con la realidad presente de cada uno. No hay pues una sola respuesta. De hecho, hay tantas como individuos hay en este universo.

Ho'oponopono es a la vez una filosofía maravillosa y una herramienta de una sencillez y de una eficacia notables que permite trasformar nuestra vida y hasta diríamos trascenderla. Porque cuando hacemos la experiencia de Ho'oponopono y constatamos sus resultados en la vida diaria, ya no somos los mismos.

Conclusión

Ho'oponopono nos muestra que:

«No somos seres humanos en busca de su naturaleza espiritual.
»Al contrario, somos seres espirituales que tienen en esta vida una experiencia material».

No creas
en nuestra palabra,
pruébalo por ti mismo.

Anexos

Meditaciones

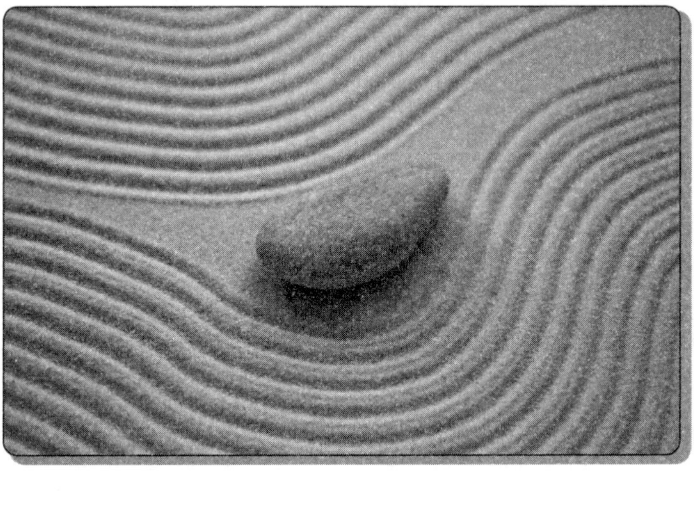

Meditación para conectarnos a nuestro Yo superior

Jean Graciet

«Empieza por sentarte cómodamente en una silla o un sillón y concédete un momento de distensión. Puedes cerrar los ojos cuando te parezca. Toma conciencia del lugar que has elegido para esta meditación, de lo que te rodea, de los ruidos ambientales, de la temperatura del cuarto, quizás de un olor. Siente el contacto de tu cuerpo con el asiento, el contacto de tu espalda con el respaldo, de tus manos colocadas sobre tus piernas, de tus pies con el suelo.

»Entonces empieza a respirar conscientemente. Empieza inspirando muy PROFUNDAMENTE y mantén el aire unos instantes en tus pulmones, tres o cuatro segundos. Luego suelta el aire por la boca LENTAMENTE. Inspira de nuevo PROFUNDAMENTE y siente el aire llenando tus pulmones con una energía nueva. Retén el aire unos segundos mientras esa energía fresca inunda tu cuerpo y, LENTAMENTE, exhala por la boca todas las viejas energías desgastadas. Sigue respirando inspirando PROFUNDAMENTE, reteniendo el aire unos instantes y soltando el aire LENTAMENTE.

»Mientras sigues respirando, puedes sentir que estás cada vez más relajado, sientes que todos tus músculos se distienden poco a poco, se relajan, tomas conciencia de que los músculos de tu rostro están cada vez más apaciguados, distendidos y puedes comunicar ese relajo a tu frente, a los músculos de las mandíbulas, de la boca, de la nuca, de hombros y puedes observar si baja por un lado, por el otro o ambos lados una deliciosa ola de relajación que llega a tus caderas, a los músculos de tus piernas, tus pantorrillas hasta tus pies.

»Estás ahora en un estado muy agradable de relajación, y ese estado lo sientes en tus brazos, tus piernas y tu respiración ha encontrado un ritmo regular y agradable. Te sientes cada vez más relajado y perfectamente apaciguado.

»Mientras tomas conciencia de que tu respiración se ha ralentizado, puedes orientar tu atención dentro de tu pecho, al nivel del corazón, ese espacio sagrado, que es como un santuario. Entra ahora en ese espacio y percibe poco a poco toda su energía, observa esa magnífica luz suave y relajante que le llena, tómate tiempo para descansar allí, saborea ese momento de recogimiento, ese momento en que estás ahí, contigo mismo, aquí y ahora.

»Quizás observes una sensación, algo, quizás un pensamiento, quizás una sensación física u otra cosa, acógela.

»Y mientras estás en esa bienvenida, en la aceptación de lo que hay, sientes ahora una presencia, una presencia próxima a ti, una presencia con una benevolencia infinita. Te preguntas quién es esa presencia, esa presencia es tu Yo superior. Es esa parte de ti que pase lo que pase siempre es perfecta. Es la parte tuya que sabe mejor que tú lo que es bueno para ti porque sabe exactamente lo que tiene que hacer.

»Sientes entonces que puedes abandonarte al amor de tu Yo superior por ti. Ese amor está y estará siempre presente. No tienes que invocarlo ni necesitas hacer nada para merecerlo. Todo lo que tienes que hacer es aceptarlo. Siente como irradias el amor que tu Yo superior siente por ti, deja que esa luz de amor se extienda por todo tu cuerpo, por todo tu ser.

Estar a la escucha de nuestro Yo superior

»Tomas conciencia de que es en medio del silencio donde lo vas a oír. Puedes pedirle que te haga sentir su presencia de una manera u otra. Pídeselo. Dile que lo reconoces y que confías totalmente en él, dile que sabes que puedes confiar en él para seguir con tu camino, dile que sabes que siempre puedes contar con él para liberarte de la influencia de todas esas memorias erróneas que te encuentras en tu vida. Bastará con pedírselo. Pídeselo, siempre te escuchará.

»Ahora que ese contacto está establecido, comprendes que tu Yo superior siempre ha estado y estará cerca de ti, que siempre está y estará a la escucha de lo que le digas, el vínculo que ahora has creado se va a desarrollar cada vez más, cada vez más fácilmente. Ese vínculo de amor que has creado se irá reforzando cada día más. Tu Yo superior te va a ayudar a mantener el rumbo hacia tu objetivo, que es limpiar sin cesar todas las viejas memorias erróneas que te limitan y te impiden ser tú mismo.

»Puedes decirle ahora que implantas en él la firme intención de liberar esas memorias erróneas causantes de cada problema que aparece en tu vida pronunciando las palabras claves «Gracias, Te amo», y que en cuanto oiga esas palabras podrá llevar a cabo una limpieza total de dichas memorias. Las palabras claves se convierten entonces en un potente recurso que te permite conectarte en todo momento con tu Yo superior.

Puedes decirle que le amas y darle las gracias por todo lo que ya ha hecho por ti y por su incansable apoyo en todo momento.

»Puedes de nuevo concentrarte en el centro de tu pecho, al nivel de tu corazón, para sentir ese amor total, ese amor incondicional que tú y tu Yo superior sentís por ti, y siente cómo ese amor va a poder ahora irradiarse hacia cada una de tus células, hacia la parte más pequeña de tu cuerpo y brillar con una intensa luz.

»Ahora, en cuanto sientas que es oportuno, puedes volver a tu ritmo, desde tu asiento, en el lugar que has elegido para esta meditación».

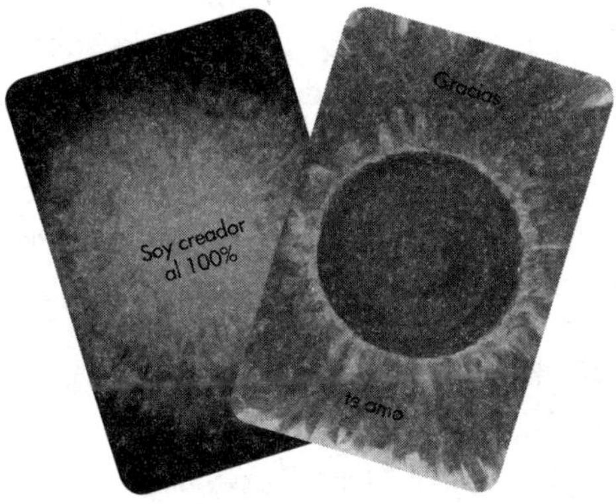

Meditación para conectarnos con nuestro niño interior

Jean Graciet

«Empieza por sentarte cómodamente sobre una silla o en un sillón y toma plenamente conciencia de todo lo que te rodea, los ruidos ambientales, la temperatura del lugar, los olores, y el contacto de tu cuerpo con el asiento. Toma conciencia de que ahora puedes dejarte llevar hacia un estado de profunda relajación muy agradable. En este instante no tienes que ir a ninguna parte, no tienes nada pendiente de hacer, sólo estás presente, aquí y ahora.

»Si aún no lo has hecho, puedes cerrar los ojos, siente el contacto de tu cuerpo bien colocado sobre tu asiento, el contacto de tu espalda contra el respaldo, de tus pies con el suelo y de tus manos colocadas sobre tus rodillas.

»Ahora déjate llevar para tomar conciencia de tu respiración, respira varias veces lenta y profundamente, inspira PROFUNDAMENTE llenando los pulmones, retén el aire unos segundos y espira LENTAMENTE; de nuevo inspira PROFUNDAMENTE, retén el aire en los pulmones y espira LENTAMENTE. Concéntrate en las sensaciones que experimentas en las fosas nasales cuando espiras y siente la caricia del aire cuando lo haces, sigue inspirando PROFUNDAMENTE, mantén el aire en los pulmones unos instantes y expira LENTAMENTE...

»Te encuentras ahora cada vez más distendido, relajado, y mientras sientes que te llena esa agradable relajación, percibes que de paso se relajan cada vez más los músculos de tu rostro, sientes un apaciguamiento agradable que desciende por tu rostro, los músculos de tu mandíbula, alrededor de tu boca, a lo largo de tu cuello, tus hombros, tus brazos, te sientes cada vez más relajado, ahora se relajan toda tu espalda y tu columna vertebral, hasta tus caderas, tus piernas, tus rodillas y te sientes cada vez más relajado y apaciguado.

»Mientras disfrutas de ese momento de relajación, imagina un maravilloso jardín lleno de luz y hermosas flores, con plantas diversas, árboles. Ahí está todo lo que puedes desear. Reconoces las plantas que te gustan, en ese maravilloso jardín también hay bonitas piedras, caminos bordeados de flores y quizás oigas el ruido del agua, es un río o una fuente. Déjate llevar por tu imaginación y crea tu propio jardín con todas las plantas que te gustan.

»Desde ese jardín maravilloso donde te encuentras descubres la presencia de un niño que no habías notado hasta ahora. Miras a ese niño y entonces lo reconoces, es tu niño interior. Lo ves, ves su cuerpo, su rostro, lo ves caminar por el jardín, lo está explorando, se detiene frente a un árbol, lo toca y luego sigue su camino, se para ante una flor, se acerca, quizás desee oler su perfume u observar el color de sus pétalos, su textura, quizás sólo desea acariciarla.

»Se maravilla de todo lo que ve y se pasea por ese hermoso jardín donde se siente libre y seguro.

»Le puedes preguntar si desea acercarse, si necesita algo. Puedes decirle que estás aquí para ayudarle y que vas a cuidarle. Conserva en él memorias sepultadas, causa de mucha emoción y sufrimiento. Dile que le quieres, que a partir de ahora siempre estarás a su lado. Tiene gran necesidad de que le quieran y le hagan sentirse seguro. Puede que ahora desee que lo tomes entre tus brazos, pregúntale, si es lo que quiere, hazlo. Siente en tu cuerpo su confianza y su alivio.

Después déjale, si lo desea, proseguir su exploración del jardín. Si quiere puedes acompañarle de la mano, y ahora te das cuenta que es en este jardín donde siempre podrás volver a reunirte con tu niño interior, en un ambiente completamente seguro.

»Ese jardín siempre estará a tu disposición para relajarte, encontrarte de nuevo con tus emociones pasadas, reconocerlas y acogerlas. Aquí podrás encontrarte con tu niño interior y recordarle que le quieres. Así será feliz y se convertirá poco a poco en el niño puro y de luz que siempre ha sido.

»Ahora poco a poco puedes volver a tu ritmo desde tu asiento y en el lugar que has elegido para esta meditación».

Textos escritos por Jean Graciet para la elaboración del CD audio «Ho'oponopono, camino hacia la conciencia», parte 2.

Ejercicio utilizando el Proceso Z-Point

Ese ejercicio está basado en una técnica llamada Proceso Z-Point, creada por Grant Connoly, de Canadá. El Proceso Z-Point se usa para programar el subconsciente a fin de que acepte activar el proceso de limpieza cada vez que nos encontramos con un problema. Nos permite integrar la práctica Ho'oponopono en nuestro día a día.

Para ello, conviene usar una palabra clave que vamos a repetir varias veces y que penetrará en las diferentes capas de nuestro subconsciente. Como término clave podemos elegir «Gracias, te amo» y por ejemplo visualizar una lluvia de amor que nos limpie.

Palabra clave: «Gracias, te amo»

Se empieza leyendo el texto que viene a continuación y que va a instalar el programa de sanación. Dicha instalación se realiza una sola vez. No es necesario volver a repetirla.

Para ello, realiza varias respiraciones profundas y lee en voz alta:

«Con estas palabras, establezco la firme intención de obtener de ti, mi subconsciente, la mejor de las limpiezas. Cada vez que me encuentre con un problema en mi vida, en cuanto diga o piense mi palabra clave como un mantra, liberarás en el acto y de una manera suave, fácil y segura todas las memorias relacionadas con el problema que atrae mi atención.

»Cada vez que utilice ese proceso de limpieza, liberaré todos los pensamientos, las creencias, las emociones, las ideas preconcebidas y los juicios que habré experimentado algún día y que están relacionados con lo que

haya escrito en el círculo o sobre lo cual dirija mi atención mientras repito mi palabra clave contando hasta diez y que corresponderá con el momento presente hasta el momento en que la situación empezó. A la par llevarás a cabo la limpieza en capas cada vez más profundas de mi ser. Gracias».

Una vez instalado ese programa, podrás hacer el ejercicio siguiente: busca algo que te preocupe, por ejemplo un problema de relación con una persona. Piensa en esa persona y deja que emerja la emoción que ese pensamiento genera en ti. Luego dibuja un círculo sobre una hoja de papel y escribe el nombre de la persona y la emoción asociada. También puedes hacerlo mentalmente. Lo que importa es que permanezcas centrado en ese pensamiento.

Cuentas de 10 a 0 y después de cada cifra repites la palabra clave seis o siete veces.

10 - palabra clave
9 - palabra clave
8 - palabra clave
7 - palabra clave
6 - palabra clave
5 - palabra clave
4 - palabra clave
3 - palabra clave
2 - palabra clave
1 - palabra clave
0 - palabra clave

Respira profundamente y sigue repitiendo tu palabra clave como un mantra mientras miras el círculo, lo que te permite seguir centrado en tu problema.

La palabra clave se convierte así en un recurso que te permite en todo momento conectar con esa parte de ti que mora en el amor y la unión con todo.

Bibliografía

De Mello, Anthony: *Despierta, Peligros y posibilidades de la realidad,* Gaia Ediciones.

Egli, René: *El principio Lola, la perfección del mundo.* Terapias verdes, colección Los Best sellers de la vida feliz.

Emoto, Masaru: *Mensajes del agua, La belleza oculta del agua,* La liebre de marzo, 2010.

Ford, Debbie: *La part d'ombre du chercheur de lumière : recouvrez votre pouvoir, votre créativité, votre éclat et vos rêves,* J'ai lu, 2010.

Gawain, Shakti y Laurel King: *Vivir en la luz,* Sirio Editorial.

Jampolsky, Gerald: *Amar es liberarse del miedo,* Los Libros del comienzo.

Katz, Mabel: *El camino más fácil para vivir,* Autoedición.

Shook, Victoria E.: *Ho'oponopono: Contemporary Uses of a Hawaiian Problem-Solving Process,* East-West Center Studies.

Vitale, Joe y Ihaleakala Hew Len: *Cero límites,* Ediciones Obelisco.

Williamson, Marianne: *Volver al amor,* Book4Pocket.

Para ir más allá

Maria-Elisa Hurtado-Graciet y su marido Jean Graciet proponen talleres de 2 días titulados «Ho'oponopono, un camino a la conciencia».

También han creado una baraja de cartas Ho'oponopono y CD de audio, a modo de herramientas lúdicas y concretas para seguir practicando día a día.

Encontrarás estas informaciones en francés, en las páginas www.mercijetaime.fr y www.eveiletsante.fr, y en español: www.hurtado-graciet.com

Los autores

Luc Bodin es doctor en medicina, especializado en medicina alternativa, diplomado en oncología clínica, asesor científico de varias revistas de salud y autor de libros en las áreas de su competencia que son el cáncer, el alzhéimer, la fibromialgia y la fatiga crónica. El doctor Luc Bodin organiza numerosos seminarios abiertos a todos los públicos sobre los tratamientos energéticos. Páginas personales: www.medecine-demain.com y www.terredesreves.com.

Maria-Elisa Hurtado-Graciet es española y se fue a Francia a los veintitrés años. Desempeñó un puesto de ejecutiva administrativa y financiera durante quince años. En 2003, una serie de acontecimientos la llevaron a realizar cambios en su vida. Inició entonces un giro total de rumbo y dejó su antiguo puesto para dedicarse enteramente a la sanación y al desarrollo personal. Facilitadora de PNL, EFT y otras técnicas psicoenergéticas, da conferencias y talleres en Francia y España sobre temas como el EFT (y otras técnicas de liberación emocional), el Perdón y Ho'oponopono. Páginas personales: en francés: www.mercijetaime.fr y www.eveiletsante.fr. En español: www.hurtado-graciet.com

Notas

Índice

Créditos fotográficos

© Fotolia.com: Malbert, p. 17; LanaK, p. 18; Okea, p. 20; Danel, p. 23; vaso, p. 24; Simon Coste, p. 25; Vladimir Wrangel, p. 26, Eléonore H, p. 29; auremar, p. 31; Vladimir Melnik, p. 32; hartphotography, p. 33,98; Dudarev Mikhail, p. 41; wildworx, p. 42; vision images, p. 45; Yuri Arcurs, p. 50; Sylvaine Thomas, p. 51; dv76, p. 52; Patrizia Tilly, p. 54, 94; Anne Kitzman, p. 56; Kurhan, p. 59; Yuri Arcurs, p. 61; iMAGINE, p. 63; Yuri Arcurs, p. 64; Lisa F. Young, p. 65; Danel, p. 66; srnicholl, p. 68; Andrea Berger, p. 69; Katrina Brown, p. 71; Alex, p. 73; MH, p. 74; Eky Chan, p. 75; ercinese, p. 76; Joseph Helfenberger, p. 77; Pugstudio, p. 80; Alx, p. 84; arquiplay77, p. 87; Andre B., p. 89; Danel, p. 91;

© Maria-Elisa Hurtado-Graciet, p. 57, 93, 96.